JN424772

용동궁공사책 龍洞宮公事冊

탈초본 脫草本

연구진(가나다 순)
고민정(高旼廷, Ko, Min-Jung) 강원대학교 사학과 강사
안혜경(安惠敬, Ahn, Hye-Gyeong) 지역문화연구소 연구위원
양선아(梁善雅, Yang, Son-A) 한신대학교 학술원 연구원
조영준(趙映俊, Cho, Young-Jun) 한국학중앙연구원 한국학대학원 사회과학부 조교수

용동궁공사책(龍洞宮公事冊) 탈초본(脫草本)

초판 인쇄 2015년 2월 10일 **초판 발행** 2015년 2월 20일
엮은이 고민정 · 안혜경 · 양선아 · 조영준
펴낸이 박성모 **펴낸곳** 소명출판 **출판등록** 제13-522호
주소 서울시 서초구 서초중앙로6길 15, 1층
전화 02-585-7840 **팩스** 02-585-7848 **전자우편** somyong@korea.com **홈페이지** www.somyong.co.kr

값 23,000원 ISBN 979-11-86356-04-3 93910
ⓒ 고민정 · 안혜경 · 양선아 · 조영준, 2015

잘못된 책은 바꾸어드립니다.
이 책은 저작권법의 보호를 받는 저작물이므로 무단전재와 복제를 금하며, 이 책의 전부 또는 일부를 이용하려면 반드시 사전에 소명출판의 동의를 받아야 합니다.

이 저서는 2008년 정부(교육과학기술부)의 재원으로 한국연구재단의 지원을 받아 수행된 연구임 (NRF-2008-361-A00007)

규장각학술총서
10

용동궁공사책(龍洞宮公事冊)
탈초본(脫草本)

Square Standard Style Transformation of Cursive-Written-Records Yongdonggung-gongsach'aek

고민정 · 안혜경 · 양선아 · 조영준

소명출판

| 책을 내면서 |

조선 후기 사회와 경제를 이해하기 위해 두루 활용되어 온 『용동궁등록』은 꽤 널리 알려진 자료로서, 그 성격에 대해서 재차 설명할 필요는 없을 것이다. 1982년에 정문사(正文社)에 의해 영인(影印)된 뒤 학계에 두루 보급되었지만, 거의 전부가 초서(草書)로 기록되어 있어서 접근성은 여전히 높지 않았다. 하지만 반복되는 내용과 투식(套式)이 차지하는 비중이 높아서 여러 스터디 그룹에서 교재로 활용하는 등 초서 학습의 입문서로서 인기를 누리기도 했다. 최근 진전되고 있는 한국학 자료의 디지털화 추세를 감안하면, 『용동궁등록』이 영인 이후 30여 년이 경과한 이제야 활지화된다는 점은 늦은 감이 없지 않다. 책의 내용에 대해서는 정문사나 규장각의 해제(解題)에 이미 소개되어 있으므로, 『용동궁등록』과 더불어 『용동궁공사책』을 탈초(脫草) · 정서(正書)하여 출판하게 된 경과만 간략히 밝혀 두고자 한다.

처음부터 출판의 의도를 가지고 『용동궁등록』을 읽어 나가려 했던 것은 아니다. 『용동궁등록』 자체에 대한 관심보다는 초서 판독력의 강화가 목적이었기 때문이다. 하지만 강독회를 본격적으로 구성하여 진행하자마자 탈초, 전산화, 공유의 필요성이 동시에 제기되었다. 또한 느리지만 꾸준히 반복적으로 학습하는 것이 무엇보다 중요하다는 공감대가 자연스럽게 형성되었다. 물론 장기적으로는 『용동궁등록』, 『용동궁공사책』, 『수진궁등록』, 『수진궁도서책』으로 연결될 수 있으리라는 막연한 기대도 있었다. 보잘 것 없는 실력으로 무모하게나마 시작한 것이 2010년 봄이었고, 5년이 지난 지금 『용동궁등록』과 『용동궁공사책』의 탈초본을 출판하게 되었다.

강독회를 구성한 네 명의 연구자가 자료를 읽고, 워드 프로세서에 입력하고, 매월 1~2회 함께 모여 다시 읽으며 교정하고 토론하고, 부족한 부분은 수시로 이메일을 통해 확인하는 과정을 장기간 동안 지속할 수 있었던 데에는 규장각으로부터의 지원이 절대적인 기여를 하였다. 우선 2011년 2월부터 같은 해 8월까지 7개월 동안 7회에 걸쳐 『용동궁등록』을 강독하는 'HK집담회'를 개최할 수 있었고, 이는 강독회의 장기적 운영에 추진력을 제공하였다. 그렇게 탄력을 받은 이후 『용동궁공사책』까지 포함하여 출판하기에 이른 것은 2012년 6월부터 이듬해 6월까지 12개월 동안 진행된 '인문한국사업 저술지원과제' 덕분이었다.

연구진이 각자 분주하게 본업을 수행하면서 별도로 시간을 내어 적극적인 참여를 하였던 것만큼, 5년 전에 비해 초서 판독의 실력이 조금이나마 향상되었음을 스스로 느끼고 있다. 하지만 여전히 부족한 부분이 많음을 절감함과 동시에, 더욱 큰 장벽에 가로막혀 있음을 실감한다. 앞으로도 꾸준히 반복하여 읽고 또 읽으며 연마하는 것만이 자신감을 가질 수 있는 길일 것이다. 또한 강독회를 구성하던 초기에 함께 하지는 않았지만, 『용동궁등록』의 탈초를 위한 참고 자료를 제공해 주신 조미은 선생님께 감사한다. 그리고 연구진에 의해 판독되지 못한 부분이 여전히 많이 남아 있었던 『용동궁등록』 및 『용동궁공사책』 탈초본의 최종 원고를 감수하고 가르침을 주신 양진석 선생님의 도움이 없었다면 출판은 불가능했을 것이다. 다른 일을 제쳐 두고 우선적으로 작업해 주신 데 대해 다시 한 번 감사의 말씀을 올리고 싶다.

2015년 1월

조영준

| 차례 |

일러두기

- 일반 독자의 가독성을 높이기 위해 원문의 이체자・고자 등은 대표자 또는 어느 한 쪽으로 통일하였다. 예를 들어, '舡'은 '船'으로, '盖'는 '蓋'로, '畊'은 '耕'으로, '舘'은 '館'으로, '恠'는 '怪'로, '旧'는 '舊'로, '羣'은 '群'으로, '仝'은 '同'으로, '畧'은 '略'으로, '厘'는 '釐'로, '並'은 '幷'으로, '烟'은 '煙'으로, '塩'은 '鹽'으로, '襍'은 '雜'으로, '灾'는 '災'로, '点'은 '點'으로, '趂'은 '趁'으로, '刱'은 '創'으로, '軆'는 '體'로, '冣'는 '最'로, '称'은 '稱'으로, '豐'은 '豊'으로 바꾸어 놓았다.
- 원문의 오탈자는 수정하지 않고 그대로 두는 것을 원칙으로 하였다. 예를 들어, '石花醢'라고 써야할 곳에 '石火醢'라고 적은 경우가 있다.
- 원문에서 결락되었거나 판독이 불가능한 부분은 모두 '▨'로 표기하였다.
- ' / '는 행이 바뀜을 가리킨다.
- '欄外'는 인찰선 바깥에 기재된 내용을, '籤紙'는 별도의 종이에 적어 부착된 내용을, '追記'는 인찰선 내부에 부기된 내용을 가리킨다.
- 영인본의 부실한 부분은 마이크로필름(M/F) 및 원본을 직접 확인하여 보완하였다.
- 단락의 구분은 편의상 처리한 것이며, 쪽의 구분은 원본에 의거하였다.

용동궁공사책 제1책

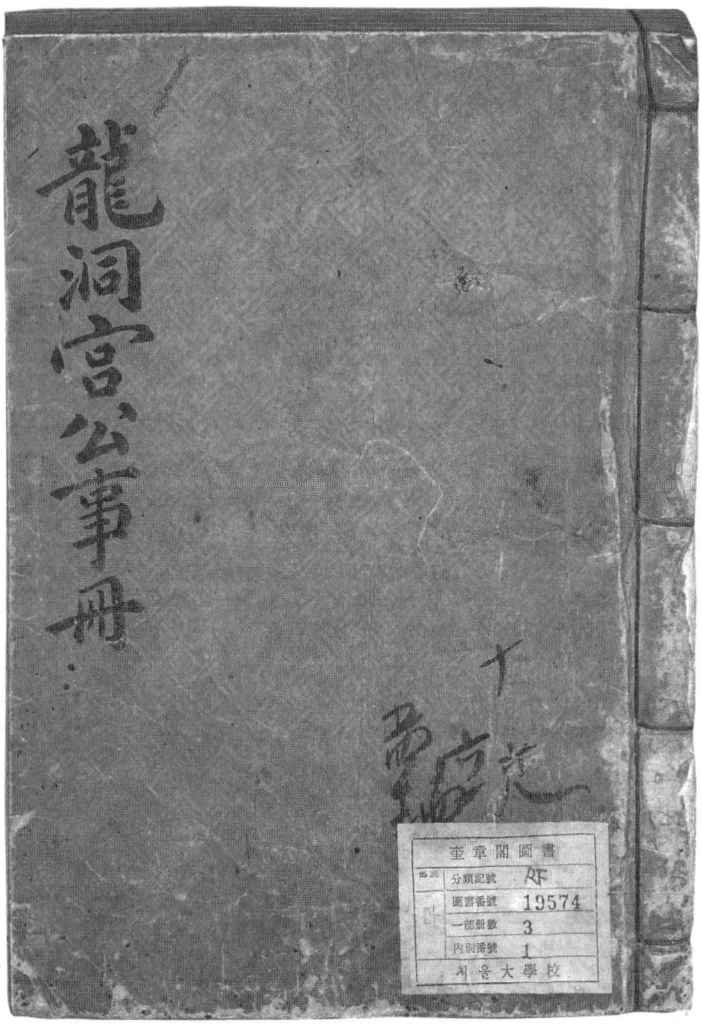

1880년(경진)

庚辰八月十一日載寧三公兄處

無他宮屬本郡海食南垌等處所在田畓收稅次宮監下

送爲去乎作民中如有頑拒作梗之類是去等依宮監所報

這這懲治督捧俾無宮監滯留之弊事告本官惕念

擧行宜當向事

安岳三公兄處

無他宮屬本郡遠城坊蘆場收稅次宮監下送爲去乎如

或有頑拒作梗之類是去等這這懲治督捧爲旀且蘆場作

伕後發賣捧價則結稅自當備納而挽近以來該色輩自八

月段先督促於鄕監處況蘆結錢則翌年二月納于戶曹

者也今此段促似爲推移時利之計也從今爲始待蘆價收

捧以十二月定限遵行以爲公私兩便之意告本官惕念擧

行宜當向事

載寧餘勿坪三宮都監官處　條牌子

無他各宮庄之在於本坪內外者所重一般是去乙自武衛所

設始以後毋論某垌坪民會同赴役是矣惟獨本宮屬南

垌尾生下流垌則獨以該坪作民專當赴役云他各垌則本宮

作民一一赴役本宮垌則他垌作民視同秦瘠者事之不均

莫此爲甚從今以後各宮庄通同赴役以爲均平之地爲乎矣

若或有頑拒之弊則斷當　啓稟嚴處矣除尋常惕
念擧行宜當向事

長興三公兄處

無他宮屬本府平日島等各島及陸畓收稅次京監李寅
翼　啓稟後別定下送爲去乎各處討索爲弊之端依
京監所報一遵　啓下節目這這禁斷爲旀稅納頑拒
之類一體嚴治督捧之意告本官惕念擧行宜當向事

傳令　會寧鎭將

無他宮屬來德等六島卽折受之地也所重與他自別毻
除良　列聖朝判下節目炳如日星幾百年遵行邑鎭與
兵水營莫敢侵漁於島內矣挽近以來法綱解弛鎭屬輩
無難侵責島民罔有紀極之中稱以松禁各島之民無端
捉致杖囚討索云豈謂宮無可施之法而若是跳踉乎
姑以令申之意玆先傳令爲去乎若或有復踵前習之
弊則鎭屬輩自屯所捉來懲治是遣不飭之責
啓稟後別般嚴處矣除尋常惕念擧行宜當向事

康津兵營首吏首校處　條牌子

無他宮屬長興平日來德等各島卽
列聖朝判下折受之地也一依　啓下節目各項爲弊之端
矯捄遵行則所重自在營邑間亦不相弊是去乙幺麼汝
矣輩侵責島民將未免渙散之境汝矣所爲萬萬可痛

所當別般嚴處是矣十分參酌玆以牌飭爲去乎自今
以後汝矣營屬輩更毋得出役於島中如前討索之地
爲乎矣若或有敢售前習之弊則爲先自本屯推捉嚴
杖懲勵後上使刑配矣除尋常惕念擧行俾無罪上
添罪之地宜當向事

任珪銓處
無他宮屬長興平日等各島及陸畓都監宋旻衡
除下代汝矣身差定爲去乎收稅上納等節着實擧行
俾無不謹抵罪之弊宜當向事

古阜三公兄處
無他宮屬本郡德林面所在田畓收稅次京監下送爲去乎
作民中如有頑拒作梗之類是去等這這懲治督捧爲旀
舍音輩若有不善擧行之弊是去等依京監所報
除汰嚴處之意告本官惕念擧行宜當向事

朴國賢處　條牌子
無他宮屬古阜德林面田畓舍音殷致說除下代汝矣
身差定爲去乎收稅上納等節着實擧行俾無不謹
抵罪之地宜當向事

扶安三公兄處
無他宮屬本縣宮倉月巖里等處所在田畓收稅次

京監下送爲去乎作民中如有頑拒作梗之類是去等
依京監所報這這懲治督捧俾無京監滯留之弊事
告本官惕念擧行宜當向事

安岳　洪州　信川　載寧　來臨所新買田畓
海倉奉相考

甕津　龍仁　鴻山　石城　中和

安岳馬餉垌　遠城坊蘆場

池元明處　條牌子　九月初一日

無他鐵原北面馬岩山下鹿隱洞白石坪所在畓一百
十七石落只春牟田五日耕鹿乙自本宮給價買得
後以汝矣身監官差定爲去乎起耕作畓與收稅
上納等節着實擧行爲乎矣若或有無賴輩
圖奪侵漁之弊是去等卽爲指名馳告以爲行
關刑配之地宜當向事

鴻山舍音處　條牌子　九月初一日

無他本宮所管海岸庄土近地今聞自壽進宮
方擬築堤收稅之擧而　本宮畓幾石落將爲
混入其中云寧有以宮庄供稅於他宮之理乎
以此公文曉喩於幹事人處使之勿侵之意
嚴飭後形止卽爲馳告宜當向事

庚辰九月　日　信川導掌及監官崔學成處

無他壽進宮別備新買龍頭坪趙垌白垌畓庫在於
本宮庄下流處本無開洑儲水每當夏至後移秧
之時待本宮畓下流引入儲水作農則如或有亢旱將
未免失時廢農之境云名雖各宮奉公則一也叱除良
連界耕農之民或有讓畔之誼是去乙剩坪儲洑
之水豈無分流之道乎滔滔來水借途而已別無被
損也勿以秦瘠視之是遣自今爲始秋成後卽引洑
水下流於壽進宮庄三冬一體儲水無慮作農則
可謂共濟之好誼也以此知悉擧行宜當向事

庚辰十月十二日　長湍三公兄處　條牌子

無他宮屬本府所在月峰山柴場今秋柴木載運
上納次宮差下送爲去乎到卽定將差執捉完固
船隻風高前星火裝載趁卽上送以爲莫重
內用之需無弊奉公之意告本官惕念擧行宜
當向事

豊川三公兄處　十月二十五日

無他本郡環館坪等處所在田畓自本宮給準價買
得後定宮監下送使之收稅上納矣考見秋收成冊
則此庄元結十七結零定式稅納之外許多雜結虛
張名目無難橫徵爲五十兩之多大抵結外加徵法典
所無叱除良雖民私畓有不可橫斂是去等況莫
重宮庄焉敢恣意討索乎事極無嚴乙仍于

啓稟後玆以　圖署公事下送爲去乎到卽所

謂別將料米負持驛換等四條虛名雜結之橫徵

錢星火還出結於該監官姜聖宜處爲乎矣若或

有漫漶不遵之弊則首吏鄕斷當上使照律嚴

處矣以此意告本官惕念擧行後形止馳報以

爲憑處之地宜當向事

庚辰十月二十八日　鐵原三公兄處　條牌子

無他本郡北面鹿隱洞白石坪所在田畓自本宮給準

價買得後以該洞居池元明定監官使之收稅上納矣

今聞其所告則作民輩應納稅穀無難頑拒無賴

輩或有作梗沮戱之弊云聞不勝駭然此不可尋常

置之乙仍于玆以牌飭爲去乎到卽依監官所告作弊

之類一一捉致官庭嚴杖牢囚以爲懲勵之意

告本官惕念擧行俾無不謹抵罪之地宜當向事

庚辰十二月卄日　忠淸水營營吏處

無他宮屬瑞山泰安安眠島今秋稅錢一千五百兩內只

以五百兩上納一千兩則明春上送云豈有如許道理

乎此是該色輩舞弄遷就之計也違却月當任

渠操縱則烏在其上納所重之本意乎該色輩

所爲萬萬無嚴乙仍于　啓稟後玆以圖署公事

下送爲去乎到卽星火嚴飭於該色處同未收上

納錢一千兩期於歲前上送爲乎矣更或有漫漶

之弊則斷當上使嚴刑懲勵矣告營門惕念擧
行宜當向事

金海三公兄處
無他宮屬金海梁山兩邑所在蘆田今秋稅錢有頑
拒不納之作人故玆以　圖署公事下送爲去乎到卽
未納作人捉致官庭依後錄星火督捧出給鄕
監處爲旀此等無嚴之類若不嚴加懲勵後弊
難防各別杖囚懲治俾莫重宮納無全欠縮之地是
遣且德道居李達五自今年爲始監官擧行矣
煙戶雜役依事目一幷蠲免之意幷只告本官惕念
擧行宜當向事

後
德道居千百彦二十四兩一分
鳴湖居金性汝十九兩三戔八分
姜子業十七兩六戔四分

安岳馬餉垌監官元東春處　條牌子
無他今秋積置穀爲二百六十石矣善爲守直待開春
依宮飭放賣是遣若無本宮文蹟勿爲遷動爲
乎矣若或有不謹之弊則汝矣身難免重罪矣惕
念擧行宜當向事

1881년(신사)

辛巳正月　日　康津三公兄處　依導掌出納元草出給

無他本宮庄土在於本邑稽山波之知田新感等地而間經丙丁大無之後多有陳廢處是如近聞以民庫出役每結一兩及考卜錢每結二兩勒租每結八戔或許多雜役無前橫侵因此而至於陳廢之境作民輩勢難起耕云以若莫重宮庄豈有如許無前創徵之理乎從玆以後此等許多雜役名色勿爲更侵永爲除給使作民輩依前起墾無至荒廢之地事告本官惕念擧行後形止馳報宜當向事

河東二公兄處　上同

無他本宮庄土在於本邑面內而此是從結執稅者也原結卜數爲二十餘結而挽近以來混稱水災至於戊寅己卯兩年所收無過二三十兩則設有如干水災豈可如是全減乎此必是中間奸細輩欺瞞作俑之致則以若莫重宮納寧有如許道理乎至於今番段別定解事更逐鹿看坪期有實效俾無如前欠縮依元數結收捧上納之地事告本官惕念擧行後形止馳報宜當向事

辛巳二月初二日　全羅兵營營吏處

無他宮屬長興府平日等各島屯稅錢每年執換上納矣至於昨年都監任珪銓屯稅錢捌千兩執換於木

商秋仁豊處換簡上送故依換簡同錢推尋於秋仁豊
之錢主太錫元處矣忽於今者秋仁豊來告內屯稅錢
則無一分推尋而先換簡書給矣任珪銓誣告本官
屯稅錢準數出給於秋仁豊之意爲辭而一向延拖不給
事極冤枉故呈訴本府受題納上洞燭事狀行關措處
亦爲有臥乎所果如所告則任珪銓所爲萬萬無據不可
不從實查處乙仍于玆以　圖署公事下送爲去乎到
卽任珪銓捉致營庭與秋仁豊頭質決處屯稅錢準
數推給爲乎矣秋仁豊若與任珪銓有所去來屯稅
錢或以私債相計之弊則曲在於秋仁豊矣任珪銓
段姑爲保放緣由卽爲馳告以爲自宮嚴斷之意告
營門惕念擧行宜當向事

延安三公兄處　辛巳二月十四日

無他宮庄在於本府芝村小一里而此洞本是土廣人稀紇
除良戶役極多挽近以來居民多有渙散莫重宮庄
將至廢棄之境乙仍于募民作農次　啓稟後玆
以圖署公事下送爲去乎該洞元戶役七戶外聚集新
戶戶役永爲勿侵事成節目以爲宮庄無弊作農之意
告本官惕念擧行是遣形止馳報以爲憑處之地
宜當向事

瑞山主人白完世處　條牌子　二月　日

無他瑞山主人收稅廛乙自本宮給準價買得後以汝

矣身主人差定爲去乎每年上納錢九百兩十二月內無違
上納爲於各項　內入魚鹽等物着實擧行俾無不
謹抵罪之地宜當向事

扶安三公兄處
無他宮屬本縣三間坪等處所在田畓昨年秋收穀作錢
次宮差下送爲去乎如或有稅租未納作人是去等依
宮差所告各別嚴治督捧俾無宮差滯留之弊事
告本官惕念擧行宜當向事

通津三公兄處
無他宮屬本府所在柴場昨秋柴木因氷泊未上納
者爲一千餘同而今方氷解行船故宮差玆以下送爲
去乎到卽定將差執捉完固船星火裝載上送
以爲　內用進排無弊擧行之意告本官惕念擧
行俾無不謹抵罪之弊宜當向事

全州三公兄處
無他稅米月當自有定限無敢違越卽法典所載而本
宮納己卯條稅米無端越歲如有一分嚴界之心漫漶無
忌憚胡至此極乎所當別般嚴處是矣十分安徐玆
以　圖署公事下送爲去乎到卽本宮納己卯條稅
米星火裝載上納爲於若或難於賃船是去等從時
價以代錢上送以爲自京貿用之地爲乎矣若有一向

遷就之弊則斷當　啓稟後依法典照律嚴繩
矣以此　意告本官惕念擧行俾無不謹抵罪之地宜
當向事

靈光三公兄處
無他稅米月當自有定限無敢違越卽法典所載
而本宮納己卯條稅米無端越歲如有一分嚴界之心
漫漶無忌憚胡至此極乎所當別般嚴處是矣
十分安徐玆以　圖署公事下送爲去乎到卽本宮納
己卯條稅米星火裝載上納爲旀若或難於賃船
是去等從時價以代錢上送以爲自京貿用之地爲乎
矣若或有一向遷就之弊則　啓稟後依法典照
律嚴繩矣以此意告本官惕念擧行俾無不謹
抵罪之地宜當向事

順天三公兄處
無他宮屬本府所在屯稅米卽各項
內供之需必以精白米各別擇捧定將差執捉完固船隻
趁早裝載上納無至晩時狼貝之弊是遣同稅米中限一
百石以錢收捧着實處執換上送爲旀一依宮監所報各
別申飭之意告本官惕念擧行宜當向事

南海三公兄處
無他宮屬本縣錦山屯稅米收捧上納次宮監下送爲去

乎到卽定將差執捉完固船隻趁早裝載上送爲
乎矣作民中如或有未納頑拒之類是去等這這嚴
治督捧之意告本官惕念擧行俾無不謹低罪之
地宜當向事

豊川三公兄處　二月　日

無他本宮新買上里面環館里所在田畓以姜聖宜
差定監官擧行而昨年邑納結錢渠自上來受
去於宮庭矣今聞結錢盡數乾沒仍爲逃躱云豈
有如許無據之漢乎自宮到底譏詗捉得乾沒結
錢卽爲督捧以爲邑納之地爲旀監考林守天處
昨秋捧留租二十石私自盜賣此漢亦爲杖囚嚴督
莫重宮穀無至白失之地爲乎矣一依京監所告這
這嚴處之意幷只告本官惕念擧行俾無不謹
抵罪之弊宜當向事

羅州崔永瑞處　條牌子　二月　日

無他安潤基之長興換錢未納者夥然而莫重宮納
一時爲急汝矣身處逢換租千餘石放賣以充上納次
京監玆以下送爲去乎到卽同逢換租一一出給京
監以爲作錢上納之地爲乎矣若或有漫漶不謹之
弊則汝矣身斷當嚴處矣除尋常惕念擧行宜
當向事

朴來喆處　條牌子　三月　日

無他宮屬恩津江景浦北魚船收稅監官以汝矣
身差定爲去乎收稅上納之節着實擧行爲乎矣
稅錢段每年三百五十兩式無違上納俾無不謹抵罪
之弊宜當向事

呂達善處　辛巳四月十四日　條牌子

無他宮屬豊川上里面環館坪田畓監官姜聖
宜逃避代汝矣身差定爲去乎收稅上納等節着
實擧行爲旀作人恣意差汰是去乃無端斂錢之
弊有所入聞則斷當照律嚴繩矣知悉爲旀汝矣
身煙戶雜役段置以此　圖署告本官依事目
憑考頉免宜當向事

豊川三公兄處　辛巳四月十四日

無他本邑上里面環館坪所在田畓昨春自宮給準價
買得而大抵此土規例所謂春結錢與秋耗錢卽秋收翌
年之春邑納者則昨年春之結役耗錢卽前畓主己
卯秋收之當納者是去乙今聞昨春邑納之耗錢未收
者欲爲徵出於本宮云該吏舞弄之習萬萬痛駭乙
仍于玆以　圖署公事下送爲去乎前畓主朱文玉居
在信川云卽爲移文捉致昨年所納之秋耗錢卽爲督
捧更勿侵責於本宮監官處爲旀擧行形止詳細馳
告以爲　啓稟之意告本官惕念擧行宜當向事

斗渼居劉相殷處　四月　日

無他宮屬陰竹田畓秋收租春精　水刺穀物及餠米次貿易各穀載運上納次原州居沙工裵聖五趙德知黃貴賢處自本宮買船出給使之擧行矣今聞沙工之所告則汝矣身稱以春川忠州等稅穀船買得是如本宮沙工處每名九兩錢責徵云豈有如許道理乎各邑稅穀船何關於本宮而且上江收稅旣以革罷是去乙汝矣身恣意侵責於宮船萬萬無嚴所當捉上嚴治是矣十分參酌玆以牌飭爲去乎到卽宮船三隻沙工處更勿討索爲乎矣若或有頑拒不遵之弊則汝矣身斷當捉上移法司照律刑配矣除尋常惕念擧行宜當向事

黃州兵營營吏處　辛巳五月初三日

無他宮屬田畓在於載寧海倉等地而以金達洙差定監官使之看檢收稅上納矣忽於今者本牧居黃處臣爲名漢僞造宮條妄稱監官代差此等無法之漢不可尋常處之乙仍于玆以　圖署公事下送爲去乎到卽以此意告營門處臣漢捉致營庭照律刑配以爲懲勵之地是遣擧行形止卽爲馳報宜當向事

安岳馬餉垌監官元東春處　條牌子五月初三日

無他昨年秋收積置租二百六十石使海倉監官金

達洙句管放賣次玆以牌子下送爲去乎到卽與
金達洙商確從時價放賣後租價錢從便換上之
地宜當向事

白川三公兄處　辛巳五月十二日

1 無他宮屬平山所在秋收租載運次完固船一隻自
本宮給準價買得以船主吳允化給公文使之擧
行矣今聞本郡吏屬輩敢侵漁之弊云豈有
如許道理乎所當別般嚴處是矣十分參酌送
宮差牌飭爲去乎到卽告本官更勿侵責爲乎
矣若有復踵前習之弊則公兄斷當上使嚴
治矣惕念擧行宜當向事

慶尙監營營吏處　辛巳五月十三日

無他宮屬道內金海府新島監官裵衡禧所告
內本島卽彈丸一小島而居民纔爲四十餘戶矣
本無田畓之種穫只以鹽盆資生買米糊口而近
者自營門防穀之後島民萬無貿米生活之方
是如云島民若至渙散則本宮上納無以辦備島民
情狀亦甚矜憐乙仍于　啓稟後玆以　圖署
公事下送爲去乎到卽告營門新島居民四十餘戶
新舊相繼之穀量宜勿侵之意措辭關飭于該

1 【籤紙】▨信

邑以爲保島民完宮納之地爲旀擧行形止卽爲馳
告宜當向事

金海新島監官裵衡禧處　辛巳五月十六日
無他再昨年本島上納尙今遷就故汝矣身捉上査
2 問則所告內本宮納己卯條鹽田稅錢昨年三月良
中該邑行商崔鳳奎上來使付送使之上納是如
云而昨年初無來納本宮之事此必是汝矣身
誣罔本宮欲爲遷就掩飾之計事甚可駭汝矣身
所當自宮嚴治是矣十分安徐玆以牌子分付爲去乎
汝矣身所告果然的實是去等卽爲下去崔鳳奎處星
火徵出上納爲乎矣若或有頑拒之弊是去等同鳳
奎漢卽爲呈本邑嚴刑督捧爲旀汝矣身捉上浮費
與中間乾沒之物一一推尋而若有疎忽之弊則汝
矣身亦難免重罪矣惕念擧行宜當向事

宋在禹處　辛巳五月二十五日
無他宮屬長興府平日等各島及陸畓都監任
珪銓除下代汝矣身差定爲去乎收稅上納等節
着實擧行俾無不謹抵罪之地宜當向事

帖文

2 【籤紙】▨衛

無他宮屬長興府所在田畓昨秋收稅穀今方放
賣作錢上納而近來換路絶無駄上極難勢不得
已貿得土産物種裝載上來以爲斥賣上納次汝
矣身船隻別定爲去乎所經各邑鎭堡若或有
侵漁之弊是去等以此　圖署帖文憑考勿侵爲於
頑悖作梗之漢星火指名馳告以爲行關巡營上使
嚴處之地宜當向事

文川三公兄處　辛巳五月　日
無他本宮所屬屯洑在於文川南浦而其開梁處略
有馬位田與私田犯鑿處是如宮洑則本無梁稅也
自戊寅尋洑以後連三年無賴之輩稱以田庫梁稅
勒捧租爲數十石而又有文川德原兩邑蒙利民等
處未捧稅租爲數十餘石則以若莫重宮洑豈有如許
之理乎今若不歸正則末流之弊不知至何境故玆以
圖署公事申飭爲去乎所謂私田梁稅段永爲勿給
是遣位田梁稅則半減備給而畓庫開梁者勿給其
稅之意永爲定式遵行爲旀昨去三年梁稅已給之租
還給於監官安敏善處而三年蒙利民等處未捧租
一一督刷以給於監官是矣若有頑拒者則自官嚴
治指名報來而又有北洑五六年陳荒處是如至于今
年更爲設洑以朴永祚監官差定爲去乎開梁之時
或有是非之弊亦爲嚴飭傳令俾無沮戱之端是旀
此洑則私田位田中開梁而本無梁稅也南北洑當其

收稅之時自官一體嚴傳令于各里蒙利民處後今
秋爲始稅租一一輸納於洑監官家俾無如前漫漶
之弊事爲本官惕念擧行後形止馳報宜當向事

差帖朴永祚　辛巳五月　日
右帖本宮所屬文川北洑監官差定爲去乎收稅
等節着實擧行爲於上納段每年十一月內備納無至
抵罪之地宜當向事

黃海監營營吏處　辛巳六月二十四日
無他本宮庄土在於道內安岳郡大元遠城等地而結總爲
十八結內九結已入於永減中多年遵行矣該色輩罔
念所重永減之稅忽爲出秩督捧云莿需雖然宮庄所重
自別是如乎依例永減俾完宮庄事　啓稟後
玆以　圖署公事下送爲去乎到卽告營門星火知
委於該郡俾無橫侵之弊宜當向事

安岳三公兄處　辛巳六月二十四日
無他本宮庄土在於本郡大元遠城等地而結總爲十八結
內九結已入於永減之中是去乙該色輩罔念所重永減之稅
忽爲出秩督捧云莿用雖然獨不念宮庄所重乎事
極無嚴乙仍于　啓稟後玆以　圖署公事下送
爲去乎到卽告本官嚴飭該色更無橫徵於宮庄
之弊宜當向事

崔在鳳處　辛巳七月初六日

無他汝矣身所居西部盤石坊藥峴契伏在草家拾

參間半垈田一息耕文劵以汝矣身宮納欠逋之致納宮

矣　上納已爲了畢而文劵姑未推尋故立旨成給爲

去乎日後文劵推尋出給矣以此憑考向事

帖文　全羅左水營船主李仁甲　辛巳七月二十三日

無他宮屬今秋稅穀裝載次汝矣身船隻別定爲去乎

所經各邑鎭堡良中以此帖文憑考勿侵爲乎矣若

或有頑拒之漢是去等卽爲指名馳告以爲

啓稟嚴處之地宜當向事

三登三公兄處　辛巳七月三十日

無他宮庄監官高麟九處下去牌旨同封以送卽爲傳

給後受答告目上送宜當向事　辛巳七月三十日

三登監官高麟九處　辛巳七月三十日

無他本庄昨秋稅錢零在六百四十八兩八戔無端越歲是

如可至於二月初綿商吳商在四百七十兩錢來納而餘數則當

鱗次準納云矣一去無消息尙此寥寥豈有如許道理

乎汝矣身所當別般嚴處是矣十分參酌玆以牌飭爲

去乎到卽餘在錢一百七十八兩八戔不日內卽爲換上俾無不

謹罪責之弊爲旀今秋稅錢中去核綿花擇其精

彈者二百斤必準昨年斤兩貿裝一馱幷與上納錢

一體來納更無敢遲滯之地爲乎矣若或有如前漫
漶之弊則斷當行關嚴處矣除尋常愓念擧行
宜當向事

陰竹長院居李基龍處
無他監官李秉璿上納欠逋有查問事玆以牌旨分
付爲去乎到卽眼同宮差星火來待以爲辨析之地
宜當向事　辛巳閏七月初一日

帖文　海州居沙工尹景祖
石命甫
無他本宮今秋稅穀裝載次汝矣身船隻別定爲
去乎所經各邑鎭堡良中以此帖文憑考勿侵爲
乎矣若有頑拒之漢是去等卽爲馳告以爲
啓稟嚴處之地宜當向事　辛巳閏七月初一日

帖文扶安居沙工金允化處　辛巳七月二十一日
無他宮屬扶安古阜今秋稅穀裝載次汝矣身船隻
別定爲去乎所經各邑鎭堡良中以此帖文憑考
勿侵爲乎矣若或有頑拒之漢是去等卽爲指名馳
告以爲　啓稟後嚴處之地宜當向事

帖文全羅左水營船主李仁甲　辛巳七月二十三日
朱良老

無他宮屬順天今秋稅穀裝載次汝矣身船隻別
定爲去乎所經各邑鎭堡良中以此帖文憑考勿侵
爲乎矣若或有頑拒之漢是去等卽爲指名馳告
以爲　啓稟嚴處之地宜當向事

三登三公兄處　辛巳七月三十日
無他宮庄監官高麟九處下去牌旨同封以送卽
爲傳給後受答告目上送宜當向事

三登監官高麟九處　辛巳七月三十日
無他本庄昨秋稅錢零在六百四十八兩八戔無端越
歲是如可至於二月初綿商吳商在四百七十兩錢來納
而餘數則當鱗次準納云矣一去無消息尙此寥寥豈
有如許道理乎汝矣身所當別般嚴處是矣十分參
酌玆以牌飭爲去乎到卽餘在錢一百七十八兩八戔不日內卽
爲換上俾無不謹罪責之弊爲旀今秋稅錢中去核
綿花擇其精彈者二百斤必準昨年斤兩貿裝一駄
幷與上納錢一體來納更無敢遲滯之地爲乎矣若
或有如前漫漶之弊則斷當行關嚴處矣除尋常
惕念擧行宜當向事

陰竹長院居李基龍處　辛巳閏七月初一日
無他監官李秉璿上納欠逋有查問事玆以牌旨
分付爲去乎到卽眼同宮差星火來待以爲辨析之地

宜當向事

帖文　海州居沙工尹景祖　辛巳閏七月初一日
石命甫

無他本宮今秋稅穀裝載次汝矣身船隻別定爲去乎所經各邑鎭堡良中以此帖文憑考勿侵爲乎矣若有頑拒之漢是去等卽爲馳告以爲嚴處之地宜當向事

載寧三公兄處　辛巳閏七月初五日

無他宮屬本邑所在海倉來臨所累福南垌等各處田畓收稅次宮監下送爲去乎作民中如有頑拒作梗之類是去等依宮監所報這這嚴治督捧爲於累福南垌等結役段自來中畓主之擔當備納者而中畓主云頑習挽近尤甚當納結錢越歲延拖以致該監官杖囚督捧之竟豈有如許道理乎今秋結錢若有愆納之弊是去等同中畓主依監官所告一一捉致官庭幷與昨年未收結錢星火督捧更勿侵責於該監官之意告本官惕念擧行宜當向事

安岳三公兄處　辛巳閏七月初五日

無他宮屬本郡大元坊蘆場及馬餉垌田畓收稅次宮監下送爲去乎蘆場作伕之際若有作梗拒納之類是去乃當納穀物未納之作民是去等一依宮監所報各項爲弊之端這這嚴査督捧莫重上納無至延拖遲滯之意

告本官惕念擧行俾無不謹罪責之弊宜當向事

長興三公兄處　辛巳閏七月十七日

無他宮屬本府平日來德等各島及陸畓收稅次京監
下送是在果大同執船卽本邑將校之擧行者是去乙近來
使島民捉納侴除良討索島民將至渙散之境一依京
監所報更無得橫侵島民之意告本官惕念擧行宜
當向事

嘉山三公兄處

無他宮屬本郡才公浦西巡垌等處所在田畓收稅次別定
京監下送爲去乎作民中頑拒作梗之類及庄內各項
爲弊之端一依京監所報這這嚴治懲勵俾無漫漶
不謹之弊事告本官惕念擧行宜當向事

鳳山三公兄處　辛巳閏七月十七日

無他宮屬本郡楚邱坊等處所在田畓收稅次京監下送
爲去乎作民中如有頑拒作梗之類是去等依京監所報
這這嚴治督捧爲於大抵結役之捧必待秋成而近年以來
謂以願結春間督徵於該鄕監處云雖民私畓有不敢法
外橫徵是去等況於莫重宮庄乎自今以後宮庄願結段
一幷勿侵是矣若或有如前漫漶之弊則斷當具由　啓
稟別般嚴處矣告本官惕念擧行宜當向事

信川三公兄處

無他宮屬本郡東部坊水梁垌所在田畓收稅次京監下送爲去乎若或有頑拒作梗之類是去等一依京監所報這這懲治督捧俾無京監滯留之弊事告本官惕念擧行宜當向事

豊川三公兄處　辛巳閏七月十七日

無他宮屬本邑上里面環館坪所在田畓收稅次京監下送爲去乎作民中如有頑拒作梗之類是去等依京監所報這這嚴治督捧爲於今聞該鄕監所告則自本官謂以勅需出斂每結三兩五戔式責徵於宮庄云此是前所未有之事也雖民私畓有不可科外橫侵是去等況莫重宮庄無難混侵事極無嚴乙仍于　啓稟後玆以　圖署公事下送爲去乎到卽告本官所謂勅需錢之橫侵宮庄者卽爲勿施爲乎矣若或有漫漶不謹之弊則斷當別般嚴處矣除尋常惕念擧行宜當向事

河東三公兄處　辛巳閏七月十七日

無他本邑所在本宮庄土稅納卽是元結摠收稅處而挽近以來每稱水災全事頉給所收上納極爲零星則此必是該色輩中間幻弄之致也豈有作民不應稅之理乎今以査櫛歸正次別定本邑馬洞居金龍錫下送爲去乎作民處逐庫踏驗一一昭詳區別俾無虛實相蒙之弊事告本官惕念擧行後形止馳報宜當向事

扶安三公兄處　辛巳二月　日

無他宮屬本縣三間坪等處所在田畓昨年秋收穀作錢次宮差下送爲去乎如或有稅租未納作人是去等依宮差所告各別嚴治督捧俾無宮差滯留之弊事告本官惕念擧行宜當向事

慶尙監營營吏處　辛巳閏七月二十六日

無他宮屬道內金海府新島鹽盆作民四十餘戶本無田庄仰食之策故防穀勿侵之意曾有所牌飭而若幾百石大船裝載往來則或不無疑慮之端禁令之下自宮亦不必干涉是矣此不過每戶幾十石間貿用生活者是遣且本邑年事未免大無如干島民畢竟渙散而後已則本宮上納必無歸正之方乙仍于玆更　啓稟後圖署公事下送爲去乎須念公納所重從方便闊狹則無損於防禁之令而邱壑之命可以保全本宮稅錢可以辦納是如乎以此意詳細告營門措處以爲公私兩便之地宜當向事

石城三公兄處　辛巳閏七月二十六日

無他本邑戶布近爲變排於結斂則境內耕土之民徵納結布也而本邑所在本宮庄土中每年陳結之執稅者不少矣以若陳結之白徵亦甚寃枉況且戶布之移徵者乎大抵戶布名色之移排於結民不過是一般之政而陳結白徵處則不必擧論事理當然雖以私畓言之似不當如是

以若莫重宮庄豈可混入徵布乎揆以事體極爲駭然
玆以　圖署申飭爲去乎今秋結布磨鍊時吉伊名下
則永勿擧論爲旀正稅外至於各項結斂名色一切勿侵之
意告本官惕念擧行後形止馳報向事

春川三公兄處　辛巳閏七月二十九日

無他宮屬庄土在於北內面漆山里而此庄本是築堰儲
水以爲割半分畓者也挽近以來民習狡譎溝洫之間
畚鍤之土年年添付由是而宮庄日戱私畓日增目下
頭見懸殊於年前且堰水灌漑處暗自起畓專事
肥已㕣除良銅浦內五斗落畓亦有偸耕之弊雖以私
畓言之自有彼壃此界之別而況莫重宮庄乎此不可不
査覈歸正乙仍于　啓稟後逐庪踏驗次宮監下送
爲去乎到卽告官別定解事校吏這這查櫛無
遺把束歸正量案上送是矣若或有頑拒欺隱之漢
一幷捉囚指名報來以爲別般嚴處向事

黃海監營營吏處　辛巳閏七月卄九日

無他道內信川武信垌陳廢處昨春良中自宮
從民願新買庄土出財四千金垌役竣完可以墾闢而
不意本郡下吏方在軾富民李元根謂以此垌一築邑將
巨浸從中沮戱慫恖衆民誣訴營邑至有捉囚之境
而私自起耕看作已業大抵此垌之築匪今斯今㕣除
良觀其地勢依其高燥之兩岸直防低濕之浸溢

而本非橫截下流者則有何相妨於本邑乎雖以私力
築垌起墾無害於公有益於民則營邑之間宜相佽
助而況自宮損財買得完築者乎事極痛惋乙仍于
啓稟後玆以圖署公事爲去乎到卽告營門後上項方
李兩漢捉致營庭嚴刑定配爲旀別定解事校吏
逐庫打量慘案已送今年秋稅段一依宮監知委從
實收獲是矣若或有頑拒作梗之漢一一捉囚指名
報來以爲嚴處事這這嚴飭于該郡是遣擧行
形止鱗次馳告宜當向事

信川三公兄處辭意上同

恩津江鏡浦鄉監徐敬模處　辛巳八月初四日
無他朴來喆以無賴之類暗地圖得差帖下往是如可之
計窮力屈同差帖仍爲還納其罪狀從當自宮嚴治懲
勵是在果今年上納錢此去宮差便趁卽出給以爲貿苧
速上之地宜當向事

鳳山三公兄處
無他宮屬本郡來臨所田畓收稅次宮監下送是在果此
庄本是永稅之地雖有如干水旱從無減稅之法作
民中如有稱託之類是去等依宮監所報這這嚴治督
捧爲旀挽近以來謂以願結春間督徵於該鄉監處至於
今年稱以勅需出斂元結役外加數責徵於宮監云此是

前所來聞之事也雖民私畓有不可科外橫侵是去等
况於莫重宮庄乎　啓稟後玆以　圖署公事下送爲去
乎到卽告本官所謂願結監勑斂一切勿侵於宮庄爲
乎矣若或有漫漶不謹之弊則斷當別般嚴處
矣除尋常惕念舉行事

扶安三公兄處
無他宮屬本縣水月巖里等處所在田畓收稅次京監下
送爲去乎化民中如有頑拒作梗之類是去等依京監
所報這這懲治督捧俾無京監滯留之弊事告本
官惕念舉行宜當向事

辛巳九月十九日　長湍二公兄處
無他宮屬本府所在月峰山柴場今秋柴木載運上納
次宮差下送爲去乎到卽定將差執捉完固船隻
風高前星火裝載趁卽上送以爲莫重
內用之需無弊奉公之意告本官惕念舉行宜當
向事

金海三公兄處　七月二十三日
3 無他宮屬本府所在新島監官裵衡禧己卯條上納
錢二百兩昨年三月良中該邑行商崔鳳奎上來
便付送使之上納云故相考次尺文使之現納則尺文

3　【籤紙】▨兵衛

初不受去是如爲辭故裵衡禧處事果的實是
去等卽爲辨析歸正之意牌旨下送矣今聞崔鳳
奎所告則伊時尺文受去卽爲傳給而裵衡禧掩匿
尺文謂以上納乾沒是如至於呈官徵捧之境云故
考見本宮文蹟則尺文成給一一焉乙仍于玆以牌飭
爲去乎到卽裵衡禧及渠兄裵俊禧捉致官庭
生徵貳百兩錢及浮費條一一還出給於崔鳳奎處
俾無呼寃之意告本官惕念擧行宜當者

嘉山才公浦都監官都舍音及各作人等處　八月二十五日
無他本庄自前間有虫災作人輩臨時灌油以爲
稍減其勢者此非但爲公也卽渠輩勤農仰食以
爲盡心力作故曾無油價錢自宮上下之例以油價自
宮上下事相率呼訴於京監云聞甚怪訝汝矣等
幾多年自備之事今欲歸之於本宮事極無嚴
叱除良監官之朦然舍糊視若尋常之狀亦極可痛
玆以牌飭爲去乎到卽這這知委於該作人等處
使之仍舊擧行毋得創出新例之地宜當向事

平山三公兄處　辛巳十月　日
無他宮屬庄土在於本府介日等地而卽聞該
舍音所告則自官謂以勅需出斂每三兩六戔式
責徵於宮庄云此是前所未聞之事也雖民私
畓有不可料外橫侵是去等况莫重宮庄無難

混侵事極無嚴乙仍于　啓稟後玆以圖署公
事下送爲去乎到卽告本官所謂勅需錢之
橫侵宮庄者卽爲勿施爲旀以此意成完文已送
以爲　入稟之地是矣若或有漫漶不謹之弊則
斷當別般嚴處矣除尋常惕念擧行者

玉果三公兄處　辛巳十月　日
無他宮屬本縣立石一面所在田畓稅錢每於
歲前收捧者而中間爲該色輩之所幻弄拖
至翌年回五月出給導掌處以致莫重上納
之晩時究厥所爲萬萬無嚴乙仍于玆以　啓稟
後圖署公事下送爲去乎到卽告官宮納稅錢
每於作結時趁卽出導掌處爲旀導掌之逗
留宮差之往來浮費不少上納未免欠縮之弊
自今爲始一依驛卜例劃給導掌以爲無弊上納
之地爲乎矣若或有漫漶不謹之弊則汝矣等斷
當別般嚴處矣除尋常惕念擧行後形止馳告
以爲入　稟之地宜當向事

呂州白岩居舍音李國賢處　十月　日
無他宮屬陰竹田畓收稅租包及　水剌米
雜穀等每年汝矣處出浦裝載無弊上納
矣至於今年各穀擧皆不備斛白米壹石
四斗粘米十一斗赤豆三斗菉豆七斗雜豆七

斗黑荏子市升一升五合斛上欠縮故領來船
人裵升五趙德之處從略徵捧是在果此
專由於汝家積置時擁利偸竊之所致是如
乎所當捉上嚴治是矣姑爲安徐玆以牌飭
爲去乎來頭段十分小心更毋得如前漫漶
不謹之弊宜當向事

帖文　辛巳十月　日

無他本宮所管康翎削井浦所在田畓今
秋收稅租載運次汝矣身船隻別定下送
爲去乎到卽星火裝載風高前無弊上納
爲乎矣所經各處若或有侵漁執船之弊
是去等以此帖文憑考勿侵宜當事

完文　淸州免稅京納主人金興俊　辛巳十月
右完文成給事忠淸道淸州所在各官免
稅錢米一仟兩結戶納之京納主人名色自　本
宮作導掌定給于汝矣身爲去乎每年三月
分一百兩　本宮上納是遣二百兩直送于楊
州見聖菴以爲祝釐之資是矣汝矣身世傳
擧行之意奉承
慈敎完文成給事

帖文　辛巳十月　日

無他本邑田庄今秋收稅穀裝載上納次宮扇一隻汝矣身處逢換下送爲去乎到則星火裝載風高前到京上納之地爲旀所經各以此帖文憑考勿侵宜當

　　㲅津三公兄處　辛巳十月日

無他宮屬本邑所在漁化龍威島等處每年石花醢收捧上納以爲　進上今忽於今者龍威島居民輩之石花未收爲二吳仁國自京貿納之境事甚痛惡依舍音所告該頭民星火捉致官庭未收石花醢刻期督納出給舍音處俾無漫漶抵罪之地宜當

　　完文　辛巳十二月　日

無他宮屬英陽田畓作人爲九名而各自耕作納稅後以爲仰食資生之方矣今聞權利輩計欲汰去諸作人都奪耕食是如該作人來告事甚無據乙仍于玆以完文成給爲去乎見存作人九名依舊耕作爲去乎矣玆或有覬覦作梗之類是去等以此完文告本官嚴治懲勵俾作民安堵奠業之地宜當向事

　　帖文　南陽主人張直謙　辛巳十二月　日

無他南陽主人金相律改差代以汝矣身差定爲去乎上納

錢壹千貳百兩每年十二月內準數納上是遣內用魚鹽之需一一準備擧行俾無不謹抵罪之地宜當向事

中和三公兄處　辛巳十二月十四日

無他宮屬田地在於本府石好坊之地而每年進上去核綿花收捧上納處也挽近以來本府所管營倉還穀爲弊多端內司與各宮則近皆旣還而惟獨本宮庄民則一向侵責者揆以一視之澤豈不萬萬冤枉乎由此之故本府庄民擧皆投入於內用各宮庄內宮庄未免廢棄之境乙仍于　啓稟後玆以圖署公事下送爲去乎到卽本宮作民之所侵還上依他宮例一切蠲免使之專意耕作保莫重宮進上毋至狼貝之地爲乎矣若或有

金翼燾處　辛巳十二月十六日

無他宮屬鳳山楚邱坊田畓監官鄭元明逃躱代汝矣身差定爲去乎收稅上納等節着實擧行俾無不謹抵罪之弊宜當向事

豊川環館坪田畓監官作人等處　辛巳十二月　日

無他毋論公私庄若以永賭地定稅則結役之作人擔當乃八路通行之規而至於此庄賭地較他庄至歇是去乙作人輩謂以賭地精捧邑如結役

推委於宮而一事頑拒且結役年加歲增往
來浮費又爲夥然上納至於欠縮之境不可
不一當釐正乙仍于兹以牌喩作人擔當是去
爲賭地納稅每斗玆隨便劣或三斗或
二斗加定上納邑去乃詳細晩諭於諸人處
兩端間指一馳報以爲永久遵行之地爲乎
矣若或有一向頑拒之弊斷當行關巡營別般
處置矣除尋常惕念擧行宜當向事
此亦中曾前監官圖奪之時無異於朝得暮
失故監官輩之納賭地浮費每年收斂於作
人者每斗落爲四兩之多矣一自付屬本宮之
後此弊永革作民處無所侵漁則可以永久安
賭至於結役之擔當豈可有稱冤之端乎　依
牌旨辭意擧行宜當向事

豊德三公兄處　辛巳十二月十六日
無他今聞松都居朴道周爲名漢本邑所在西
面中連黃崗擎天等地良中謂以龍洞宮所管
是如私自築洑咨意收稅云沖甚驚駭旣無土有
何收稅之擧乎此不可尋常乙仍于玆以牌飭
爲去乎到卽告本官朴道周漢定將差星火
捉囚押上本宮以爲查問嚴處之地東面居申
五福爲名漢亦有查問事一體捉上宜當向
事

1882년(임오)

黃海監營營吏處　壬午正月　日

無他宮屬道內豊川府環館坪所在田畓結役每
年依定式施行矣挽近以來年加稅增殆無
限節至於今年稅太也耗錢追付也勅需出斂
等名色創出橫徵於宮庄罔有紀極雖民私畓
有不可料外橫侵是去等況莫重宮庄豈可與私畓
混侵乎若無營飭未免奸吏輩恣意舞弄之弊
乙仍于　啓稟後玆以圖署公事下送爲去乎到卽告
營門以此意嚴辭關飭于該邑本宮庄土結役一依
元定式遵行各項雜役之濫徵者一并蠲免後完文成
出俾宮庄永久無弊之地爲旀擧行形止卽爲馳告
宜當向事

文川德源三公處　壬午二月　日

無他本宮所屬屯洑者於文川南浦而其開梁處略有
馬位田與私田犯鑿是如宮洑則本無梁稅也自
戊寅尋洑以後連四年無賴之輩稱以田庫梁
稅勒捧租數十餘石而又有文川德源兩邑蒙利
民等處未捧租爲數十餘石則以若莫重宮洑
豈有如許之理乎今若不歸正則末流之弊不知何
境故玆以圖署公事下送爲去乎所謂私田梁稅段
永爲給是遣位田梁稅如前出給而畓庫開者勿

給無稅之意若爲定式遵行爲旀比者四年梁稅

已給之租還推給於監官安敏善處而四年蒙利民

等處未捧租一一督推刷以拾於監官是矣

若有頑拒者則自官嚴治指名報來宜當

龍珠寺摠攝處　壬午二月初二日

無他法堂丹靑間果經紀始役是喩物財苟艱

想多不敷之慮是旀奉恩寺僧房隅者本是

慣墊畵師而寺刹之丹靑莊嚴無出其右況自比

他僧價廉省費云故玆以牌旨分付爲去乎待其

來見量度利害審其才幹有可以從約差

處之方使之全付繪事是遣如或有不合之

端卽爲告宮以爲從深措處之地宜當

金海三公兄處　壬午三月　日

無他宮屬本府所在田畓及蘆場尺量年久

境界漸縮以致上納之愆滯此不可不及今釐正

乙仍于　啓稟後玆以圖署公事下送爲去乎

到卽別定解事校吏眼同鄕監本宮庄土這

這改量後修正量案上送之意告本官惕念

擧行宜當

梁山三公兄處

無他宮屬本郡所在田畓及蘆場尺量年久

境界漸縮以改上納云愆滯此不可不及今釐
正乙仍于　啓稟後玆以圖署公事下送爲去乎
到卽別定解事校吏眼同鄕監這這改量後
修正量案上送爲旀邑居洪夢瑞等七名宮
庄稅租許多年頑拒不納豈有如許無嚴
之漢乎依鄕監所告嚴查督捧是遣庚辰春
砲粮米收刷時將校李萬祿米代錢加捧於宮
庄無難乾沒此等無嚴之習不可不嚴懲幷只
告本官依法嚴治以杜後弊爲乎矣若或有
漫漶之弊則斷當別般嚴處矣惕念擧行宜當

慶尙監營營吏處
無他宮屬道內金海梁山兩邑所在田畓及蘆場
尺量年久境界漸縮以致上納之愆滯此
不可不及今釐正乙仍于　啓稟後玆以圖署公事
下送爲去乎到卽行關兩邑別定解事校吏
眼同鄕監這這改量後修正量案上送爲旀梁
山居洪夢瑞等七名宮庄稅租許多年頑拒
不納且庚辰春砲粮米收刷時將校李萬祿米
代錢加捧於宮庄無難乾沒此等無嚴之類
不可不懲治一體飭關使之嚴治督捧之意幷
只告營門惕念擧行宜當

龍珠寺摠攝瑞長處　壬午三月十五日

無他法堂丹靑卽佛家莊嚴所重之事

也豈可固請托付之生手以僨大事乎藥曉

法戎二僧非但手段高妙曾多效勞　護聖殿

丹靑時至於七星閣丹靑不受雇直而盡其

誠其向善募緣之心亦極嘉尙今番本寺丹

靑必使兩僧盡誠繪畫爲旀且有本營嚴飭

則尤何可有所進退乎若或有無賴之徒有

所覬覦之端卽爲馳告以爲嚴處之宜當

壬午三月初八日　堂上大監因礡洞參判大監命意書入

帖文

右帖文爲石城所在本宮庄土秋收穀舂精米一百石裝載

上來爲去乎所經各處以此憑考勿侵宜當向事

帖文　壬午三月十九日

無他宮屬長興屯稅錢及木布載運上納次汝矣身船

隻別定下送爲去乎趁卽裝載星火上納爲旀所經各

邑鎭堡若或有侵漁執船之弊是去等以此帖文憑考

勿侵宜當向事

1890년(경인)

忠淸監營營吏處　庚寅正月十四日

無他宮屬泰安安眠島偸耕田畓自本宮一一查出收稅而
營吏廳所送賭租八十石勿施之意曾有所牌飭矣今見
汝矣所告則稱之以營各廳補弊卒難還革云雖是
偸耕田畓亦係本宮帳內而無知愚氓欺瞞本宮暗自
耕食是如可至於入聞查正之境則查出之前不知宮庄
自營收稅容或無怪而旣知本宮帳內則豈可自宮
納稅於營門乎事之無謂莫此爲甚乙仍于
啓稟後玆更　圖署牌飭爲去乎到卽賭租八十石自今
爲始永永勿施更不得一毫干涉是矣如或有復踵
前習之弊則斷當有別般嚴處之擧矣惕念擧行
後形止馳告宜當向事

鄭東奎處

無他宮屬泰安安眠島偸耕田畓查出後以汝矣身監
官差定爲去乎查正改量及收稅上納等節着實
擧行爲旀作民中如或有頑拒作梗之類是去等卽爲
馳告本宮以爲別般嚴處之地宜當向事

瑞山三公兄處

無他本邑安眠島本宮帳內沿海諸處居民輩多有

起墾偸耕田畓故査正收稅次宮監下送爲去乎到卽

別定解事校吏眼同宮監營鄕監鄭東奎一一踏驗

成量案上送是遣作民中如或有藉托作梗之類

是去等一一捉囚嚴治懲勵後擧行形止先卽馳告

宜當向事

龍珠寺摠攝處　條牌子正月十四日

無他丹陽北面舍音宋奴八福及水原南面舍音洪士仁

旣自本宮差定出帖者而今見汝矣所告則或稱營門

訟卞或稱　園令付托此兩舍音無難改差云後或

有不善擧行之端是良置事當告課本宮待處分

措處爲置而今乃不由宮飭擅自差汰者必是汝矣身

作奸操縱之計也聞不勝痛駭事當別般嚴處是矣

十分安徐玆以牌飭爲去乎到卽所謂新差舍音一幷

勿施以宋奴八福及洪士仁依舊還差是矣此後如或

有此等事入聞之境則其時罪狀粘不容貸矣惕念

擧行後形止馳告宜當向事

帖文[4]

無他振威蛤井里所在本宮

水剌所用米三百石以汝矣身船隻使之運納爲去乎所經

各邑浦口良中以此憑考勿侵是矣如或有執頃侵

4　【追記】條牌子　庚寅正月二十四日因　堂上大監到付三張書納

漁之弊是去等卽爲馳告本宮以爲別般嚴處之地
宜當向事

黃海監營營吏處[5]

無他金川助浦主人卽本宮所用　饌需柴炭擧行之
所而今聞該主人所告則自本營甘結道內各浦口各場市
各樣收稅一并付之本營各項節目這這收上助浦亦在
其中云此浦段係是旅閣決非浦口場市分稅之類而
混同革罷者是豈成說乎爲明其旅閣之分別本宮
完文及政府節目眼同該主人以送爲去乎到卽分析
辨正一切勿侵爲旀到底庇護莫重宮用無至廢
闕之地宜當向事

開城府營吏處[6]

無他宮屬饌物所在於本府江南面梨浦以上與虎頭浦
而亦係捄弊之需也今聞自內務府各浦收稅上納所出數
爻修成冊報來云此浦段切勿混入於成冊之意告營門
惕念擧行宜當向事

黃海監營營吏處　二月初六日

無他道內本宮新買庄土在於道內黃州德水坊浦串里
之地而旣屬宮庄則與私土逈別侤除良且有道內本宮

5 【追記】正月二十四日因　堂上大監分付書納
6 【追記】正月二十七日因　堂上大監分付書納　完文一卷并踏圖署

庄結數成冊下送者是去乙今聞自本邑春結督捧者至
爲八百餘兩之多云聞不勝駭然
啓稟後玆以　圖署牌飭爲去乎到卽甘飭海邑督捧
錢八百餘兩卽爲還出給是遣本庄結卜二十四結四十負結
錢一依宮結捧納更毋得科外侵責之意成完文上送以
爲永久遵行之地是矣擧行形止先卽馳告宜當向事

黃州三公兄處
無他本宮新買庄土在於本邑德水坊浦串里之地而
既屬宮庄則與私土逈別頉除良且有道內本宮庄結數
成冊下送監營者是去乙今聞春結督捧者至爲八百餘兩
之多云聞不勝駭然
啓稟後玆以　圖署牌飭爲去乎到卽督捧錢八百餘兩
卽爲還出給是遣本庄結卜二十四結四十負結錢一依宮結
捧納更毋得科外侵責之意成完文上送以爲永久遵行
之地是矣擧行形止先卽馳告宜當向事

龍珠寺摠攝處　二月初六日
無他汝矣告目知悉是在果月前以兩處舍音仍差事
有所牌飭矣視若尋常後不擧行痛駭之極寧欲
無言舍音差汰何關於　園營而有此越俎之擧
乎此必是汝矣等挾詐憑藉之計明若觀火此不可
尋常處之乙仍于玆更申飭爲去乎洪宋兩舍音
段詳查其擧行勤慢當爲去就矣姑爲仍差是

遣汝矣身眼同宮差星火來待郊外以爲査問嚴處
之地宜當向事

帖文[7]

無他本宮所用牙山曲橋貿置米三百石以汝矣身船隻
使之運納爲去乎所經各邑浦口良中以此憑考勿侵是
矣如或有執頉侵漁之弊是去等卽爲馳告本宮以爲別
般嚴處之地宜當向事

扶安三公兄處　閏二月初二日

無他宮屬庄土在於本邑新宮村三間坪等地而挽近以來
無年不歉荒戊子己丑兩年則被災尤甚至於赤地之境
宮納之愆滯今爲三年而今聞自本邑捉囚鄕監督納
結錢云如此大無之餘兩年結錢將何以辦出乎具由
啓稟後玆以　圖署牌飭爲去乎到卽戊子己丑兩年結
錢幷爲限三年停退更勿侵責以爲宮庄支保之境是
遣擧行形止卽爲馳告宜當向事

全羅監營營吏處　同日

無他宮屬庄土在於道內扶安新宮村三間坪等地而挽
近以來無年不歉荒戊子己丑兩年則被災尤甚至於赤
地之境宮納之愆滯今爲三年而今聞自本邑捉囚鄕監

7　【追記】二月初六日　小次知稟告　堂上大監前成帖

督納結錢云如此大無之餘兩年結錢將何以辦出乎具由
啓稟後玆以　圖署牌飭爲去乎到卽戊子己丑兩年
結錢幷爲限三年停退更勿侵責以爲宮庄支保之地是
遣擧行形止卽爲馳告宜當向事

帖文　閏二月初二日

無他宮屬長興屯畓昨秋收稅租裝載上來以爲作米
宮用次汝矣身船隻下送爲去乎所經各邑鎭堡良中如
或有侵漁執船之弊是去等以此憑考勿侵宜當向事

傳令　通津浦內舍音　處[8]

無他以本宮庄洑上築洑事曾有所牌飭於本邑是在
果已飭之後必無更築之端而或不無牟利之輩不
知法意復踵前習之弊故玆以令飭爲去乎必須廣加
廉探隨聞馳告是矣如或知其事而不告則汝矣身斷
當別般嚴處矣惕念擧行宜當向事

通津三公兄處[9]

無他宮屬洑庄在於本府浦內而曾以居民之洑上築洑事
已有所牌飭是在果大抵洑上禁洑載在法典而設若地遠
不可如是況此五里之近凡常私洑斷無是理又況莫重宮
庄乎已飭之後必無更築之端其在爲公之地不無警飭

8　【追記】閏二月初七日因 / 堂上大監分付書送
9　【追記】閏二月初七日因　堂上大監分付書送

故玆又申飭爲去乎若或無嚴牟利之輩莫知攸重復
踵前習是去等一一指名報來以爲
啓稟後照律刑配之地是遣以該舍音之知其事而不
告則斷當一體嚴繩矣以此惕念擧行形止星火馳報宜當

龍珠寺諸僧處　二月十五日

無他以宋洪兩舍音事既有申飭至於詳査之境是在果
宋洪兩人既不可仍置不可不新差舍音而亦不可以他歧圖
囑之輩遽然差出矣自汝矣寺中會議必以着實可
堪之人各別擇出馳告本宮則當成給帖文矣惕念擧行俾
無不謹抵罪之地宜當向事

恩津三公兄處[10]

無他本縣城德坪所在田畓二石十斗五升落自本宮已爲給準價
買得而今聞金光甫徐相良李雨京等爲名漢稱之以渠自
買得於舊畓主之堂姪處自本官捉囚舊畓主奴子督納文
劵云物各有主放賣之舊畓主自在而三漢之誘引畓主堂
姪浮浪者如是作梗萬萬痛駭虎除良况田畓自本宮已爲
買得者乎此不可尋常置之乙仍于玆以　圖署牌飭爲
去乎到卽捉囚之奴子卽爲放送是遣金光甫等三漢捉
致官庭嚴治懲勵以杜後弊擧行形止卽爲馳告宜當向事

10 【追記】閏二月二十日此是趙參判昌夏宅所管者而已爲入 / 稟之意往復于　堂上大監前仕官時出給錄紙使之公事 / 書入而詳諭其委折

全羅監營營吏處　閏二月十八日

無他宮屬道內長興屯畓昨秋收稅租舂精作米以爲

宮用次船運上來而今聞道內各邑皆爲防穀云故玆以

圖署牌飭爲去乎到卽甘飭該邑本宮租七百五十石出浦裝

載之際俾無侵責執頉之弊以爲從速運納之地宜當向事

開城府營吏處[11]

無他本宮所屬虎頭浦主人所告內收刷未捧中後錄各人一直拒

納以致上納之愆滯云者究其所習駭然莫甚玆以牌飭爲去乎

到卽捉來督捧出給於該主人處是矣各人中如有頑拒不納者

一幷定將羅押上以爲嚴繩之地宜當者

後

金俊甫　鄭萬興　金川助浦

咸宅慶　禹致九　白相集　　平山隱亭

鳳山三公兄處[12]

無他本郡西湖坊等地所在本宮庄土近以結斂之重民不樂種將至廢

庄之境是如屢次呼訴故前此

啓稟以元結外無得一毫加捧之意　圖署牌飭今爲經年而自

邑擧行視若尋常一例收斂以致佃民輩寃歎之勢事體所

重寧容若是無嚴又況本宮完文自在何敢如是漫漶乎諸監

色斷當捉上而姑爲參酌是在果自己丑爲始依本宮舊完文例

11 【追記】二月二十三日因　堂上大監分付書送勳洞宅

12 【追記】閏二月二十日　磚洞閔判書大監泳韶往復于 / 堂上大監前書入

每田一結段元結九兩年所加結一兩七戔五分每畓一結段元結十二兩
年所加納一兩七戔五分酌定外各項加結名目幷勿混侵之意
卽時令飭於該監色與各其坊首雖昨年已捧者係是申
飭後事則一一還給於諸作人處俾各安心耕作是遣完
文更爲裁書下送自官成帖出給本宮監官李箕福處使之
永久遵行是矣若踵前玩愒決難容貸矣該監色姓名與擧
行形止先卽馳報以爲憑處之地宜當向事

全羅監營營吏處　閏二月二十一日
無他宮屬道內巨文鎭平日山日等島所納三手砲粮結作
米代錢每自本宮屯所捧上移送於長興府者而今旣移籍
於巨文鎭則當自屯所依洞例輸送於本鎭而以此意甘飭
該鎭使之更勿侵責於島民爲旀今聞因　親軍營關飭
三手砲粮結作等米以本色督納云當初以代錢磨鍊幾
十年遵行者今何可以本色捧上乎若果如此則島民將至
難保之境矣此亦依舊例以代錢捧上俾無紛拏之弊事
一體拱辭甘飭是遣挽近以來自監兵水營稱之以加沙
里都賈出入島中侵漁作弊罔有紀極從今以後一切禁
斷亦以此意甘飭於兵水營爲旀擧行形止卽爲馳告以爲
啓稟之地宜當向事

載寧三公兄處　二月二十四日
無他本郡餘勿坪　壽進宮前都監官元容和處有
本宮所納錢去十月分以渠矣傳授租二百九十八石劃納故

以此捧侤音矣今聞自本郡稱以官錢橫徵於新差
都監官宋鉉極處以傳授租中一百七十石執留云雖曰
官錢先後自在輕重有異豈有如許事體乎
啓稟後玆以　圖署牌飭爲去乎執留租一百七十石到卽
出給於此在宮差處俾無遲滯生梗之弊宜當向事

張奴千奉處　條牌子　閏二月二十九日
無他宮屬丹陽北面所在龍珠寺
祭享位畓舍音宋八福除下代汝矣身差定爲去乎收
稅上納等節着實擧行宜當向事

池性根處
無他水原南面所在龍珠寺
祭享位畓舍音洪士仁除下代汝矣身差定爲去乎收
稅上納等節着實擧行宜當向事

丹陽三公兄處　條牌子
無他宮屬本邑北面所在水原龍珠寺
祭享位畓舍音宋奴八福昨秋稅錢無端乾沒至于今
延拖不納事甚駭然玆以牌飭爲去乎到卽宋八福捉
致官庭同稅錢不日督捧出給該寺僧處俾無漫漶
遲滯之弊宜當向事

黃州兵營營吏處　二月二十四日因　堂上大監書入[13]

無他載寧餘勿坪　壽進宮前都監官元容和處
有本宮所納錢昨年十月分以渠矣傳授租二百九十八石劃
納故以此捧侤音矣今聞兵營邸吏以其回祿之租橫徵
於新差都監官宋鉉極處勒捧租一百石又捧二百五十石標
云雖曰公穀回祿也敗船也　國典自在勿論何況京邸吏
之私貿穀乎
啓稟後玆以　圖署牌飭爲去乎到卽已捧租一百石出給
於此在宮差處二百五十石標亦爲爻周上送俾無遲滯生
梗之弊宜當向事

慶尙監營營吏處　三月十三日　康駿鎬所管
無他道內金海府邸吏處有本宮上納錢欠逋者故牌
飭該邑使之督納邸債非止一再而拖至經年尙不來納今
聞孫武權爲名漢出役京鄕萬端沮戲使莫重宮納
14 至此愆滯云如此亂類不可尋常處之故玆以牌飭宮
差下送爲去乎到卽甘飭該邑孫漢眼同宮差不日押上
以爲嚴處之地爲於收刷條沒數督捧出給宮差是
遣新買田畓秋收租亦爲放賣這這納上以爲需用之地
是矣畓鹿中七山畓七石落昨年所收爲六十石而該邑
居吳敬仁漢謂以買得於舊邸吏崔寬汝處是如左
右圖囑勒奪不給云事甚痛駭亦與孫漢一體上使
昨年秋收租亦卽放賣上送是矣若或有如前漫漶

13 【追記】崔宗黙持去
14 【籤紙】▨駿鎬

之弊則該色首吏鄕斷當別般措處之意措辭嚴
飭爲旀擧行形止卽爲馳告宜當向事

平山三公兄處　三月二十五日因　堂上大監分付書送
無他本府猪灘自丙子年移屬金川助浦以爲本宮需用
之意已有所本宮節目及本道監營節目𢒰除良昨年
該兵營收稅移定時依舊例無或携貳之弊事亦有
所牌飭是在果今聞平山稅監趙性漢敢生肥己之計稱
以猪灘元非本宮所管誣囑本官至有兵營許題云大抵
莫重基址欲爲圖奪無端沮戱已極該悗而不知事
體無難許給責亦有歸矣
啓稟後玆以牌飭爲去乎到卽兵營許題永爲勿施是
遣同趙漢不日押上本宮以爲嚴處之地爲旀該浦收稅
段依舊施行俾無橫侵之地是矣若或復踵前習循
例漫漶則首吏鄕斷當上使別般嚴繩矣以此知悉惕
念擧行形止星火馳報以爲入
稟之地宜當向事

忠州三公兄處　三月二十五日[15]
無他宮納本邑元結五十結稅米每多過當愆納之弊𢒰除
良目今宮用時急策應末由故
啓稟後玆以　圖署牌飭爲去乎到卽己丑條五十結

15 【追記】宮差下送時

稅米星火裝載眼同宮差不日來納以爲及時入用之地宜當

全羅監營營吏處　同日　劉鐸持去

無他今見自汝矣營門傳令于平山兩島者則因巨文鎭
僉使所報島民蔡基俊金三萬蔡興集金億僉金成極
等五漢自鎭推捉之下不爲來待亂打將羅是如使該鄕
監押付該鎭以爲照法刑配云當初兩島移屬之時各項弊
瘼一一矯捄
判下節目昭然自在而自該鎭少不顧忌一事誅求將差
接踵島中騷擾蕩析離散者比比有之以蔡金五漢論
之不知有何罪狀而謂以亂打將羅搆誣營門無端推捉
有此紛挐之端若此不已將至島民渙散乃已乙仍于
啓稟後玆以　圖署牌飭爲去乎到卽嚴飭于巨文鎭
蔡基俊等因何罪有此推捉之擧是喩詳細馳告以爲
別般措處之地爲旀且兵水營之侵漁島民去益甚焉
自營門若加操束則豈至此境乎此等一體發甘各別
禁斷是遣以加沙里都賈事曾有所申飭是在果無
論某處公文都賈一款永爲勿施是矣擧行形止卽爲
馳告以爲入
稟之地宜當向事

鳳山三公兄處[16]

16 【追記】同日　李知錫持去

無他宮屬安岳大元遠城蘆場監官以本邑沙里院居金大用着定擧行矣昨秋蘆稅錢中六百五十兩無難乾沒延拖至今尙不來納豈有如許無嚴之漢乎玆以圖署牌飭爲去乎到卽金大用捉致官庭嚴治懲勵蘆稅錢六百五十兩刻期督捧上納無至漫漶遲滯之弊宜當

傳令　平山兩島鄕監　條牌子[17]

無他年前兩島移屬于巨文鎭之後各項弊端一一矯捄判下節目炳如日星而營邑鎭之少不顧忌一向侵漁去益甚焉將未免島民渙散之境當初節目本意果安在哉啓稟後玆更令飭爲去乎從今以後自營邑鎭如或有兩島民人無端推捉之弊是去等勿爲捉送馳告本宮以爲待發落擧行之地是遣以此傳令揭付壁上永久遵行宜當

四月初十日因　堂上大監分付書入

無他高陽已浦法串里所在泥生諸處本宮草坪去辛亥年自　德溫宮成導掌有上納于本宮者而四標段東東山里西　孝昌墓位田南大江北浦境界昭然是去乙近聞自他處或有侵占之端云今者　奉承處分成送文蹟爲去乎日後復或有他說是去等以此憑驗事

17 【追記】劉鐸持去

高陽三公兄處　四月初十日因　堂上大監分付書送

無他本郡已浦法串里泥生諸處之爲本宮草坪非但一邑之所共知上納擧行亦爲四十年之久而聞自昨冬他處或有侵占之端云宮坪基址所重自別而豈有如許事理乎今者奉承
處分玆以令飭爲去乎昨冬收刷之際作人輩或有憑藉拒納之漢即爲告官其中未納之漢杖囚督捧俾爲畢納之地宜當向事

傳令高陽已浦法串里領所任頭民等處[18]

無他本郡已浦法串里泥生諸處之爲本宮草坪非但一邑之所共知上納擧行亦爲四十年之久而聞昨冬忽自他處有侵占之端及其收刷之際作人中或有憑藉拒納之弊云宮坪基址所重因何如而寧有如許事理乎今者奉承　處分玆以令飭爲去乎未納諸漢若
或一向頑拒非但作人之照律重繩該里頭民亦難免懲責以此知悉俾爲不日畢納之地宜當向事

金海三公兄處　堂上大監宅所來[19]

無他本宮所納本府邸債收刷事前後關飭不啻申嚴而拖至于今尙無皀白以致宮用之良貝者在邑擧行萬萬痛駭孫武權段捉囚本宮與崔光翼韓龍基三面對

18 【追記】因　堂上大監 / 分付書送
19 【追記】康駿鎬

質之場渠矣所逋分明的實故方爲嚴杖督捧是在果

餘外各人處當捧錢五萬餘兩這這查覈成冊下送爲去乎

不日嚴囚一一督刷今月晦內沒數輸納是矣若或循例

漫漶復踵前習是如可該公兄上使本宮別般嚴繩矣除

尋常惕念擧行毋至生梗之地宜當向事

帖文　五月初八日[20]

無他宮屬全羅道平日島

進上饌物載運船隻沙工以汝矣身差定爲去乎往來之

際各邑鎭堡良中如有侵漁執船之弊是去等以此憑考

頉免宜當向事

差帖　張麟相　四月十四日　金學務兢烈

右差帖爲本宮庄土在於信川加串坊而該舍音差定

爲去乎着實擧行宜當向事

差帖　鄭昌默處　六月二十五日成貼金學務兢烈持去[21]

無他宮屬信川加串坪田庄監官張仁相勿施代以汝矣身

差定爲去乎收稅上納等節着實擧行宜當向事

金海三公兄處　六月二十五日成貼康駿鎬持去[22]

20 【追記】劉天赫持去

21 【追記】條牌子

22 【追記】條牌子

23 無他宮屬本府新島所在蘆田與鹽盆監官以大邱居
李敏樹差定使之收稅上納矣昨今兩年稅錢至于今
延拖不納故爲先除汰後以裵讚殷差定下送爲去乎到
卽令飭該島刻期收稅上納是矣如或有頑拒作梗之民
是去等依監官所告一一捉囚督捧爲於李敏樹處
昨今兩年上納錢六百兩亦爲徵出上送俾無漫漶不謹之
弊宜當向事

裵讚殷處[24]

無他金海新島蘆田與鹽盆監官以汝矣身差定爲去
乎收稅上納等節着實擧行爲於稅錢三百兩每年五
月內無違上納俾無不謹之弊宜當向事

朴奴才鳳處 條牌子[25]

26 無他宮屬利川葛山面所在田畓舍音以汝矣身差定爲去
乎收稅上納等節着實擧行爲於稅租段依已例每
年輸送于廣州八堂島舍音處俾無不謹之弊宜當向事

全羅監營營吏處[27]

無他道內三島鎭露兒島卽內需司及本宮收稅上納之地

---

23 【籤紙】福田增兵衛
24 【追記】條牌子
25 【追記】庚寅六月二十九日成貼 / 堂上大監宅上
26 【籤紙】▨
27 【追記】六月二十九日書入 三島主人朴昌奎 / 及島民眼同持去

也當初爲靈巖屬島而該邑之侵漁島民罔有紀極未免難
保之境矣往在丙戌自議政府　啓下特教三島獨鎭各
樣公納使之專管與該邑更無相關節目自在而自該邑舍
憾於三島或稱戶曹屯租或稱大同未收米本邑所納者推
諉於三島無端勒徵多年相持島民將至渙散上納因此
延拖是如該島民來訴故昨秋良中自本宮　啓稟後
圖署牌旨與政府公事下送于營門使之發甘該邑永爲
勿施矣今聞自該邑一向作弊恣意侵虐無名色米又復責
出云不勝萬萬痛駭旣已邑鎭分界更無相關而該邑之不
遵朝令依舊侵責已極無嚴詺除良自汝矣營門若有嚴
飭則豈至於此境乎此不可尋常處之乙仍于入
稟後玆更　圖署牌飭爲去乎到卽嚴辭甘飭于靈巖
郡無名色勒捧米依節目更勿侵責爲於該邑所在二島量
案一一推納出給于三島鎭以爲島民安堵奠接之地是遣擧
行形止卽爲馳告以爲憑處之地宜當向事

28　又

無他道內三島鎭與靈岩郡分界以後自該邑含憾於島
民不相關之稅米責出於三島是如該島民來訴故昨秋良中
有所本宮牌旨及政府公事下送于營門使之甘飭勿施矣今
聞該島民人等來訴則以爲本宮導掌之下送京監白正鎭
者符同康津居趙丙連爲名漢謂有浮費錢九千餘兩是如

28 【籤紙】粘

誣呈營門先捧募錢六千二百餘兩于三島民人處獨爲不足捉囚頭民五名于康津兵營所費又爲一千三百餘兩因此而島民至於蕩析離散之境云聞不勝駭惋萬萬本宮措處亶出於爲民奠接之方豈有一分浮費名色乎此不可尋常處之乙仍于玆以　圖署牌飭爲去乎到卽白正鎭趙內連兩漢捉致營庭上項勒捧錢六千二百餘兩及兵營所費錢一千三百餘兩以募錢刻期督捧出給于島民處以爲支保之地爲旀本宮上納募錢二千兩昨年十二月自島中備給于白正鎭使之上納而亦爲乾沒于今未納一體督捧上送本宮是遣形止馳告以爲憑處之地宜當向事

三島鎭吏處　條牌子

無他今聞島民所訴則以爲京監白正鎭者稱之以浮費錢九千餘兩勒捧島中將至難保之境云不勝萬萬駭然本宮措處亶出於爲民奠接之方豈有所謂浮費乎今方牌飭于巡營白正鎭勒捧錢一一徵出以給于汝矣島中是在果至於本宮上納錢二千兩每年十二月內自本鎭具陳省直納本宮之意曾有所申飭是去乙何爲出給于白正鎭有此乾沒愆納之境乎自今爲始自汝矣鎭具陳省眼同島民及京邸吏直納本宮更勿出給于該導掌俾無如前延拖之弊宜當向事

庚寅六月　日

龍洞宮手本

右手本爲宮屬忠淸道泰安安眠島承彦里所在田畓基址

良中挽近以來居民輩多有偸耕田畓故昨秋自宮
啓稟後　圖署牌飭于營邑下送京監一一査出收稅矣今自
巡營謂以營各廳捄弊次每年租八十石收捧于島中今爲
數年不得變通之意告宮請施本宮帳內田畓與巡營何
關而有此稱托乎此不可尋常置之乙仍于玆以據實手本
爲去乎司以入　啓移報政府行關本道知委該邑出
送解事校吏眼同京監更加査出逐庫踏驗
御覽量案修正上送爲旀所謂營各廳捄弊事當爲勿施
而營屬情勢亦不可不念自今爲始每年京監下往收稅
後租八十石移送巡營以爲永久遵行之地爲只爲
行下向敎是事

　　內需司
啓粘連龍洞宮手本是白有亦宮屬忠淸道泰安安眠島承
彦里所在田畓基址良中挽近以來居民輩多有偸耕田
畓故昨秋自宮　啓稟後　圖署牌飭于營邑下送
京監一一査出收稅矣今自巡營謂以營各廳捄弊次每年
租八十石收捧于島中今爲數年不得變通之意告宮請
施本宮帳內田畓與巡營何關而有此稱托乎此不可尋常
置之乙仍于玆以據實手本爲去乎司以入
啓移報議政府行關本道知委該邑出送解事校吏眼
同京監更加査出逐庫踏驗
御覽量案修正上送爲旀營各廳捄弊事當爲勿
施而營屬情勢亦不可不念自今爲始每年京監下往收

稅後租八十石移送巡營以爲永久遵行之地爲良結呈

手本爲白有昆依手本施行事移報議政府何如

傳令　高陽已浦草坪舍音金永浩處[29]

無他本坪刈草來月初旬前知委各作人處趁卽磨勘

爲旀昨年未納作人段今年則勿爲分給外他若或有作

梗之漢卽爲捉上于本宮俾爲嚴懲之地宜當向事

黃海監營營吏處　七月十八日中掌務持去

無他宮屬庄土在於道內平山府龍川坊一里西二里等地而

素以斥鹵沮洳之地居民鮮少若非築洑引水無以灌漑

每年洑役浩大雖以宮財辦給所費以若洑下之民力重難抵

當募民起墾次洞民由來元應役外雜役及還上一併

勿侵而除役一百四十戶以補洑役是遣結役段置一依該邑例

畓每結二十五兩田每結十五兩式定給加給勿侵遵行以重

宮庄以應正供矣去月漲水洑庄盡爲潰決起墾無路

是在如中卽聞該舍音馳告則元結徵給外詳定大小米

結作大米公須位砲粮屯穓租幷以加給出稅不日督刷

是遣洑民處戶斂錢與除役戶民處撥米撥太科外

侵責民難支保擧懷渙散洑庄將至廢棄之境云

言念事體萬萬駭歎乙仍于　啓稟後玆以

圖署公事下送爲去乎到卽告于汝矣營門嚴飭該

29 【追記】七月十八日 / 堂上大監出送書入

府元結錢外加排與狀民處戶徵撥米太無例徵捧條

一一頓給後形止馳告以爲入　稟之地是矣若或

有漫漶之弊則責有所歸除尋常愓念擧行宜當

本邑措語同

黃州三公兄處　庚寅八月初四日

無他宮屬本牧德水坊浦串里所在田畓收稅次宮監下送

爲去乎作民中如或有頑拒作梗之類是去等依宮監

所報這這懲治督捧爲旀宮庄所重與他自別而加結雜

役無難混侵豈有如許道理乎從今以後元結外加給

名色一切勿侵之意成完文上送是遣擧行形止卽爲馳

告宜當向事

扶安三公兄處　庚寅八月十二日

無他宮屬本縣宮倉月巖里等處所在田畓收稅次宮監

下送爲去乎作民中如有頑拒作梗之類是去等依宮

監所報這這懲治督捧俾無宮監滯留之弊宜當向事

古阜　安岳　洪州　信川加串坊　載寧來臨所海倉南垌等

鳳山黃州措語同　長興　嘉山　豊川信川水里垌黃州措語同

瓮津　龍仁　鴻山　安岳馬餉垌　遠城坊蘆場

梁山三公兄處　條牌子　八月十三日[30]

無他本宮蘆田稅錢自本邑所納者每多延拖過當之弊
故今春良中本邑居全泰鎭上京時同稅錢二百六十兩一
戔八分使之替納後出尺下送矣今聞替納錢自本邑尙不
出給乙除良該色輩稱以僞造尺文誣告本官全泰鎭
捉囚嚴治云豈有如許無據之習乎聞甚駭然玆以牌
飭宮差下送爲去乎全泰鎭卽爲放送後替納錢準數
出給俾無呼寃之弊宜當向事

扶安三公兄處 八月十四日

無他宮屬本縣宮倉三間坪等處所在田畓收稅次宮監
下送爲去乎作民中如或有頑拒作梗之類是去等依
宮監所報這這懲治督捧爲旀此庄連三年大無之餘
居民離散今秋雖云稍登陳廢者過半以若今年
之收稅宮納將未免欠縮乙除良戊子己丑兩年結錢
之停退者今秋則勢無以辦出故玆以 圖署牌飭爲
去乎到卽今年結錢段依例捧納是遣兩年停退
結錢限一年更爲停退以爲宮庄蘇醒之地宜當向事

泰安三公兄處 八月十四日

無他宮屬安眠島加耕畓收稅次月前宮監下送有所
圖署牌飭是在果今聞宮監所報則昨年收捧賭租
留置於島中者已爲島民輩洞中用下今不可辦納

30 【追記】成貼明禮宮小次知 / 崔鶴圭持去

特爲蠲減之意呼訴云旣自本宮收刷留置者渠輩
何敢擅自用之乎事當一一懲治督納是矣正當
秋成今年賭租收捧之時昨年條幷爲督納則島民
之情勢亦不可不念昨年賭租留置條特爲許施爲
去乎以此意這這曉喩於島村等處爲旀今年收稅
之際或有頑拒作梗之漢是去等一一捉囚別般嚴處
是遣擧行形止卽爲馳告宜當向事

高喆周處

無他宮屬泰安安眠島加耕査出田畓監官以汝矣身差
定爲去乎收稅上納等節着實擧行俾無不謹之弊宜
當向事

傳令　船都中　八月十六日

無他宮屬陰竹屯上來　水剌米與各項餠食所用穀
物載運船隻每自汝矣都中等待擧行者而至於昨年
船隻趁不等待以致氷泊之境豈有如許無嚴之習乎
今年若更有如此之弊斷當別般嚴處𠆙除良汝矣
都中所任爲先此在宮差使眼同上送以爲分付申飭
之地宜當向事

金海三公兄處　八月十五日

無他宮屬本府蘆場與田畓收稅次導掌下送爲去乎作
民中如或有頑拒作梗之類是去等依導掌所告這這

懲治督捧俾無導掌滯留之弊宜當向事

【별지(別紙)】

太件記

庚寅十月二十四日　五石

辛卯三月二十五日　十五石

癸巳四月初七日　十一石

合三十一石上

癸巳五月初八日　祿太十八石內

二石上

實十六石

八月初十日　祿太八石內

在　五石

實加用十石

梁山三公兄處　八月十五日

無他宮屬本郡蘆場與田畓收稅次導掌下送爲去乎
作民中如或有頑拒作梗之類是去等依導掌所告這
這懲治督捧俾無導掌滯留之弊宜當向事

安岳三公兄處　八月二十四日

無他宮屬本郡馬餉垌所在田畓秋收時作民中如或
有頑拒作梗之類是去等一一懲治督捧爲於挽近
以來結錢加斂愈往愈甚不知宮庄所重無難侵
責未免宮庄廢棄之境豈有如許無嚴之習
乎玆以　圖署牌飭爲去乎到卽元結外加結雜役
名色一切勿侵之意成完文上送以爲宮庄蘇醒之地爲於
擧行形止爲先馳報宜當向事

梁山三公兄處　八月二十六日

無他宮屬本邑大猪島所在田畓三十一結三負三束鹿今
年爲始自明禮宮句管收稅上納乙仍于玆以　圖署
牌飭爲去乎到卽諸作人處收稅一款依該宮指揮
擧行之意這這曉諭俾無一民不知生梗之弊宜當

傳令　船都中　條牌子　九月初二日

無他日前以陰竹屯船隻等待事汝矣都中所任金
先男處有所申飭是在果昨年旣以欣岩所在船隻
等待于陰竹屯可爲劃送于忠州等邑到卽宮穀氷泊之

境豈有如許無嚴之習乎今年段欣岩所在船隻使
之專意舉行於屯穀載運是遣自汝矣都中更勿
移劃於他邑是矣如或有復踵前習之弊則汝矣等斷
當捉上別般嚴處矣除尋常惕念舉行宜當向事

載寧三公兄處　九月初三日
無他宮屬庄土在於本郡上栗坊來臨所而元戶爲五
十四戶挽近以來連値水災漸次渙散許多戶役實難
責應居民莫可支保宮庄未免陳廢之境故入
稟後玆以　圖署牌飭爲去乎到卽元戶五十四戶中
限十四戶煙戶雜役永永頉免後成完文上送以爲居民支
保宮庄蘇醒之地宜當向事

鳳山三公兄處　同日
無他宮屬庄土在於本郡西湖坊來臨所而元結錢每年
以六十八兩零依例磨勘矣至於近年稱以加結科外責
徵不啻倍蓰宮庄所重與他逈別是去乙許多加結
無難混侵豈有如許事體乎入　稟後玆以　圖
署牌飭爲去乎到卽元結外加結名色一切勿侵之意
成完文上送以爲永久遵行之地宜當向事

全羅監營營吏處　九月初九日
無他宮屬道內各邑免稅錢米挽近以來爲奸吏輩所幻
弄每多愆納之弊至於長興元結庚辰條一百七十結稅

錢零在六百五十兩九戔九卜丙戌條三十結稅米三十五石六斗五升
靈光己卯條四十五結稅米五十四石七斗五升一年延拖至于今
不納事之駭然莫此爲甚且全州元結己丑條一百二十結稅米
一百五十二石四斗八升秋序將盡尙不上納此不可尋常置之
乙仍于別定宮監下送玆以　圖署牌飭爲去乎到卽星
火甘飭于各該邑上項錢米不日督捧上送以爲及時宮用
之地爲旀全州長興庚寅條稅米段置一體督捧陸續
裝載上納俾無晩時之弊是遣擧行形止爲先馳告以爲
憑處之地宜當向事

陰竹三公兄處　同日

無他宮屬本縣所在屯所收稅穀卽
水刺米及各項　內用餠米所需也所重與他逈別而出浦
之際每因牛隻之不備以至晩時氷泊之境故玆以
圖署牌飭爲去乎到卽依屯所所報牛二百隻今二十日爲
始等待于屯所以爲不日出浦星火上納之地是遣馱價段
當自屯所依數出給矣嚴飭官屬俾無憑藉作弊於
民間之地是矣若或有漫漶不謹之弊則當有別般
嚴處之擧矣除尋常惕念擧行宜當向事

通津三公兄處

無他宮屬本府所在柴場所收柴木卽
內用各項餠食所需也所重與他逈別而該山直崔判
哲安永國孫永瑞金士範等四漢挽近以來刈柴等

節漫不擧行一事圖避每至柴木未收之境豈有
如許無嚴之漢乎玆以宮差下送爲去乎到卽崔
判哲等四漢定將差押上本宮以爲別般嚴處之
地爲旀執捉完固船隻裝載柴木風高前不日發
送以爲及時入用之地宜當向事

豊德三公兄處　十月初三日
無他宮屬本府歸道擎天里等地所在田畓收穧次
宮監下送爲去乎作民中如或有頑拒作梗之類是
去等依宮監所報這這懲治督捧俾無宮監滯留之
弊爲旀同稅租段別定將差執捉完固船隻星火
裝載上送以爲風高前京江到泊之地宜當向事

安岳三公兄處　十月初十日
無他宮屬庄土在於本郡文山馬飼浦之地而元結外
雜結名色年年增加將至難保之境故月前有所牌
飭使之蠲免矣視若尋常漫不擧行豈有如許
無嚴之習乎此若不別般措處則宮庄未免廢棄
乃已故玆更　圖署申飭爲去乎到卽首吏鄕
爲先定將差捉上宮庭以爲照律嚴處爲旀同結
錢段元結錢外各項加結一幷勿施之意成完文上
送以爲宮庄支保之地宜當向事

鳳山楚邱坊新垈　措語上同　同日

金在恒處　十月十九日　條牌子

無他宮屬玉果立石一面田畓監官以汝矣身差定爲去
乎收稅上納等節着實擧行爲於稅錢段每年
十二月內無違上納俾無不謹之弊宜當向事

豊德三公兄處　十月二十日

無他宮屬本府歸道里鵲谷里等地所在田畓旣已下
送宮監收稅上納是在果歸道里田畓浦落越邊泥生
處今聞有私自起墾耕食者云故玆以牌飭爲去
乎到卽出送色吏眼同舍音一一打量後修成冊上
送以爲明年本宮收稅之地宜當向事

黃州三公兄處　庚寅十一月初七日

無他宮屬庄土在於本牧德水坊金光里之地而今聞以稅
太事元結都穀外二百餘兩出秩督捧云豈有如許道
理乎莫重宮庄將至廢棄之境故玆以　圖署牌飭
爲去乎到卽加結錢二百餘兩卽爲勿施依前例擧行
是矣如或有漫漶之弊則首吏鄕斷當捉上別般嚴
處矣除尋常惕念擧行後形止馳告以爲憑處之地
宜當向事

鳳山三公兄處

無他宮屬田畓在於本郡西湖坊靈泉坊之地而挽近
以來結錢年增歲加未免陳廢之境故曾有所牌飭使之

蠲減矣視若尋常依舊侵責豈有如許無嚴之習乎

此不可不別般措處乙仍于玆以　圖署牌飭爲去乎

到卽首吏鄕爲先定將差捉上宮庭以爲照法刑配之地

是遣同結錢段元結外加結名色一幷勿施之意成完文

上送以爲永久遵行之地宜當向事

中和三公兄處　庚寅十二月初二日

無他宮屬本府石好坊所在收稅去核以土居導掌使

之擧行而作民中如有頑拒作梗之類是去等依導掌

所告這這懲治督捧俾無上納遲滯之弊事惕念擧行

宜當向事

金川三公兄處　庚寅十二月初二日因　堂上大監分付書入

無他本郡助浦都旅閣主人卽本宮所管而近聞該各浦良

中稱以營邑與洞中所用捄弊無公文加稅與旅閣分

三戔條收捧之致各處商賈輩因收稅之夥多呼

寃狼藉東西奔馳至於弊浦本宮上納每致不送之端

云萬萬痛駭玆以牌飭爲去乎到卽加分條與旅閣分三

戔條一幷勿施都主人元稅條依節目收稅以充本宮

上納之意傳令于該浦以爲遵式爲旀如是牌飭之後

若有犯科頑拒之端是去等自本郡定將羅押上本

宮以爲措處之地宜當向事

1891년(신묘)

全羅左水營營吏處　辛卯正月十二日

無他宮屬順天屯稅米裝載船隻年久朽敗不可不及今
更造故　启稟後移報政府有所發關是在果到
卽別定將差必以興陽八影山所在可合船材體大木限五十株
星火烙給於該船人處以爲不日造船從速載運之地是矣
曳下造作之際如或有營屬討索與無賴作梗之類是
去等依船人所告別般嚴處是遣以八影山近村民丁招募
曳下之意行關于興陽縣以爲無弊端事之地宜當向事

長興三公兄處

無他宮屬本府平日山日兩島一自移屬巨文鎭之後該
鎭之侵漁多端未免難保之境故從民願自本宮
启稟後移報內務府發關還屬於本府者而今聞本邑
挾雜之類敢生奸計謂以自他歧圖囑成事是如欲爲責
出賄賂云不勝駭歎萬萬內務部關文昭然自在而愚民
輩或不無眩惑持疑之端故玆以　圖署牌飭爲
去乎吏民間如或以此圖囑之事自任有所討索之端
是去等爲先捉致官庭嚴刑懲勵後定將差捉上本宮
以爲移法司照律遠配之地是遣形止爲先馳告宜當向事

順天三公兄處　辛卯正月十二日

無他宮屬本府所在屯稅米收捧上納次宮監下送爲去乎

必以精白米各別擇捧趁早裝載上送爲乎矣作民中
如或有稱托災歲頑拒作梗之類是去等依宮監所報
這這嚴治督捧爲旀住岩松光等地今秋稅租及火粟
稅錢段置若或有拒納作人是去等卽爲捉囚督捧
俾無晚時遲滯之弊事告本官惕念舉行宜當向事

南海三公兄處
無他宮屬本縣錦山屯稅米收捧上納次宮監下送爲去乎
作民中如或有稱托災歲頑拒作梗之類是去等依宮
監所報這這懲治督捧俾無遲滯之弊事惕念舉行
宜當向事

河東三公兄處
無他宮屬本邑所在屯畓二十一結九十一負七束內壬戌永災
七十四負四束除之實結二十一結十七負三束稅錢依邑例準
數出給於下往宮監之意嚴飭該色吏處備無遲滯
之弊事惕念舉行宜當向事

傳令　龍珠寺諸僧等處　辛卯正月二十五日
無他龍雲僧旣非本寺久任僧自營門摠攝之任已爲除
汰是在果其代必以本寺僧有久勤履歷曾經中軍者
各別擇定擬望報營是矣如或有不遵定式循私躐等
之弊則主張僧段斷當刑配懲勵矣除尋常惕念舉行
後形止馳告以爲憑處之地宜當向事

帖文　金東郊　辛卯二月十二日

右帖文爲文化間支川所在田畓監官改差代以汝矣身差定爲去乎凡於上納等節着實擧行俾無抵罪之地宜當

轉運所營吏處　辛卯二月二十七日

無他本宮所管全州府免稅米每年越當愆期故昨冬別定宮監直捧次下送矣該府所報內同稅米自前係是漕倉則若非轉運所關文不得直出給云故玆以　圖署牌飭爲去乎自今爲始本宮稅米段無碍出給宮監之意甘飭該府以爲無弊上來毋至紛紜生梗之端宜當向事

帖文　金春植處　辛卯三月十八日

無他宮屬昌原南面所在田畓導掌有頉代汝矣身差定爲去乎收稅上納等節着實擧行俾無不謹之弊宜當

安岳三公兄處

無他宮屬田畓在於本郡馬餉浦之地而元結外雜結勿施之意曾有所牌飭無弊遵行矣今聞稱之以吏廳修補加結錢六百餘兩又爲出秩督捧云豈有如許無嚴之習乎玆以　圖署牌飭爲去乎到卽本庄結卜十五結元結錢外所謂加結錢一幷勿施是矣如或有復踵前習之弊則汝矣等斷當上使別般嚴處矣除尋常惕念擧行宜當向事

黃州三公兄處

無他宮屬本牧德水坊浦串里所在田畓打作次昨秋下

送宮監矣今聞其所告則自本邑捉囚鄕監與民私畓結

一體出秩督捧云聞不勝駭然宮庄所重與私土逈別頉除

良且有道內本宮結數成冊下送監營者及昨春申飭

牌旨是去乙如是勒徵至有紛聒之境事之無嚴莫此

爲甚乙仍于玆以　圖署牌飭爲去乎到卽本庄結

卜二十四結四十負及昨秋新買畓結卜三結三十負六束依他

宮例施行無或有一毫加徵之弊爲於該鄕監處勒

捧錢三百五十兩還推出給是矣如或有復踵前習之

弊則汝矣等斷當上使別般嚴處矣除尋常惕念

擧行後形止馳告宜當向事

黃海監營營吏處

無他宮屬道內黃州德水坊浦串里所在田畓打作次

昨秋下送宮監矣今聞其所告則自本邑捉囚鄕監與民

私畓結一體出秩督捧云聞不勝駭然宮庄所重與私土

逈別頉除良且有年前下送本宮結數成冊者申飭牌

旨是去乙自本邑如是勒徵至有紛聒之境事之無嚴

莫此爲甚乙仍于玆以　圖署牌飭爲去乎到卽

甘飭該邑本庄結卜二十四結四十負及昨秋新買畓結卜

三結三十負六束依他宮例施行無或有一毫加徵之

弊爲於該鄕監處三百五十兩還出給是矣如或有復

踵前習之弊則首吏鄕捉上嚴處之意措辭申飭

是遣擧行形止卽爲馳告宜當向事

梁山三公兄處

無他本宮蘆田稅錢自本宮所納者每多延拖過當之
弊故今春良中本邑居全泰鎭上京時同稅錢二百六十兩
一戔八分使之替納後尺文下送矣今聞替納錢自本邑尙
不出給叱除良該色輩稱以僞造尺文誣告本官全泰
鎭捉囚嚴治云豈有如許無據之習乎聞甚駭然玆以
牌飭宮差下送爲去乎全泰鎭卽爲放送後替納錢
準數出給俾無呼冤之弊宜當向事

長興三公兄處 辛卯四月十三日

無他宮屬本邑元結三十結稅米延拖愆納以致
內用擧行之窘絀故別定宮差金千吉下送爲去乎到
卽同三十結庚寅條稅米準數出給以爲星火裝載及
時上納之地是矣如或有漫漶遲滯之弊則斷當有
別般嚴處之擧矣除尋常惕念擧行後形止馳告宜當向事

扶安三公兄處

無他宮屬本縣宮倉三間坪等地所在田畓結錢因近年
歉荒所致戊子己丑兩年條姑爲停退之意曾有所牌
飭是在果今聞捉致該舍音兩年結錢不時督捧云昨年
亦不免歉歲當年結錢纔爲磨勘本宮上納至於欠縮
兩年結錢勢無以辦出故玆更 圖署牌飭爲去乎到

卽戊子己丑結錢以今秋停退更勿督促爲旀且以加結分排錢徵捧於該舍音云宮庄所重果何如而豈可以加結無難混侵乎所謂分排錢已捧者卽還出給于該舍音是遣擧行形止卽爲馳告宜當向事

李弘植處

無他宮屬泰安安眠島加耕田畓査出還屬之際汝矣身誠勞既多費財不少故依納價例汝矣身處作導掌以給爲去乎收稅上納等節着實擧行爲旀同導掌之役傳子孫永永擧行宜當向事

金秉薰處 辛卯四月十九日

無他宮屬載寧南垌田畓監官金秉洙代汝矣身差定爲去乎勤耕灌漑與收稅上納等節着實擧行宜當向事

長興三公兄處

無他宮屬本府平日山日兩島移屬於巨文鎭之後因該鎭侵虐未免難保之境故自本宮
啓稟移報內務部移關還屬于本府矣今聞本府居金君敬者謂以還屬時所費錢一萬兩欲爲收斂于民間云聞不勝駭然大抵兩島還屬卽自本宮爲島民捄弊之方也有何一分浮費乎此不可尋常置之乙仍于玆以圖署牌飭爲去乎到卽金君敬嚴治懲勵次爲先捉囚報來爲旀所謂民間收斂一幷勿施是矣島陸間如或有

更侵之弊是如有所入聞則斷當有別般嚴處之擧
矣除尋常惕念擧行後形止馳告宜當向事

全羅監營營吏處

無他宮屬道內靈巖露兒島因本邑吏屬之侵虐多
端特設三島獨鎭與本邑更無相關是去乙年前自本邑稱之
以戶曹米代錢欲爲橫徵於本島故有所牌飭使之勿侵
矣今見本島民等所訴則靈岩吏屬因此舍憾於島民
本邑砲粮米欲爲移徵於本島誣告江華下送營差
捉致島民朴權春金良瑞戊子條砲粮米四石零己丑條
七石零刻期勒捧云聞不勝駭然本島則只有本宮與
內需司上納而已初無砲粮米名色是去乙該邑之欲爲創
出移徵於本島者誠萬萬無據乙仍于玆以
圖署牌飭爲去乎到卽嚴辭甘飭該邑砲粮米依前
自邑備納更無得侵漁於三島爲旀且聞營邑校卒
輩無端入島毆打討索未免島民難保之境云尤不勝
駭惋入島作弊之靈岩校卒崔辰三南倉校卒全聖範
等捉致營庭嚴刑定配以杜後弊是遣擧行形止卽爲馳
告宜當向事

帖文 辛卯三月十七日

無他宮用次恩津論山江鏡里貿置米以汝矣身船隻
別定下送使之運納是如乎所經各處以此帖文憑考
勿侵是矣如或有執頉侵漁之弊是乎等卽爲馳告本

宮以爲別般嚴處之地宜當向事

傳令　砥平廣灘洞頭民等處　三月十七日

無他本宮　內進排所用燒木以本洞所在山坂給價買得今將出浦船運上來是如乎如或有無賴輩侵漁作梗之類是去等自汝矣洞中一切禁斷爲旀一邊馳告本宮以爲別般嚴處之地宜當向事

昌原三公兄處　五月初五日

無他宮屬本邑南面所在屯畓導掌卽許多年着實擧行者而月前本邑居金春植爲名漢敢生叵測之計誣告本宮謂以該導掌自退圖得差帖下去世豈有如許虛謊無據之漢乎此不可尋常置之乙仍于玆以牌飭爲去乎到卽金春植爲先捉囚報來以爲別般嚴處之地爲旀帖文段推尋爻周星火上送俾無遲滯之弊宜當

傳令　龍珠寺諸僧等處[31]

無他今見南陽居申班德休所訴則以爲今三月分其親山入葬於陽城竹院里矣不意淸源寺僧稱之以寺山呈訴本邑自官圖形摘奸後自法堂至於新占無慮幾千步則何可禁斷之意題給矣淸源寺係是龍珠寺屬寺而自本寺發通該寺欲爲禁斷云大抵此山卽淸源寺白虎

31 【追記】五月十一日因　堂上大監分付據書送

外山餘麓而揷天峻嶺隔在其間距該寺不知爲幾千步而禁人入葬有此紛紜之弊揆以事理甚覺無謂故玆以令飭爲去乎到卽依本官題辭更勿侵責若已發通卽爲還收是遣亦以此意曉諭該寺主僧俾無更鬧之弊宜當向事

辛卯八月十六日　帖文

無他宮屬長興屯收稅穀與各項　進上物種載運往來船沙工以汝矣身差定爲去乎所經各邑鎭堡浦口良中侵漁執頉之弊以此帖文憑考勿侵是矣如或有頑拒作梗之類是去等卽爲指名馳告以爲別般嚴處之地宜當向事

豊德三公兄處　辛卯八月十九日　條牌子

無他宮屬本府望浦里所在洑收稅次京監下送爲去乎作民中如或有遲滯頑拒之類是去等一一捉囚官庭嚴治懲勵是遣爲先馳報俾無漫漶之弊宜當向事

傳令鐵原新西面倉洞頭民等處　十九日

無他本宮　內進排及餠食所入柴木貿用次買得山坂松木於本洞近處而斫伐運下之際如或有無賴輩橫侵作梗之弊是去等自汝矣洞中卽爲指名馳告以爲別般嚴處之地宜當向事

帖文　姜洪洛　十九日　圖署

無他宮屬南海錦山屯庫直姜正中有頉代其子洪洛差定爲去乎收稅上納等節着實擧行爲旀汝矣身煙戶雜役段置告本官一一頉免宜當向事

嘉山三公兄處　二十一日　圖署

無他宮屬庄土在於本郡南面才公里西巡垌松枝垌等地而西巡松枝兩垌元結七結十六負結錢本不過八十餘兩矣挽近以來加結名色無難混侵於宮庄年增歲加至爲倍蓰之境豈有如許無嚴之習乎此若仍置則來頭之弊將不知至於何境故玆以　圖署牌飭爲去乎到卽元結錢八十餘兩外所謂加結名色一一勿施以爲依舊例永久遵行之地是矣如或有因循漫漶之弊則首吏鄕斷當上使別般嚴處矣除尋常惕念擧行後形止馳告宜當向事

長興三公兄處　同日　圖署

無他宮屬本府所在田畓及各島收稅次宮監下送爲去乎作民中如或有頑拒作梗之類是去等一一捉致官庭嚴治督捧俾無遲滯之弊爲旀平生兩島旣已還屬本府矣官吏輩如或有科外討索之弊有所入聞則斷當　啓稟別般嚴處矣除尋常惕念擧行宜當向事

任珪銓處　同日　圖署帖文

無他宮屬長興屯都監嚴瓚敎除下代以汝矣身差
定爲去乎島陸間收稅等節着實擧行俾無不
謹之弊宜當向事

帖文　開城府虎頭浦居李景化處　八月二十二日

無他本宮所用柴草載運上來次汝矣身船隻別定
下送爲去乎往來之際所經各處侵漁執頉之弊以此
憑考勿侵是矣如或有頑拒作梗之類是去等卽爲
指名馳告以爲別般嚴處之地宜當向事

帖文　開城府虎頭浦居黃順甫處　措語上同

傳令　會寧鎭　條牌子　八月二十一日

無他宮屬長興平日島良中自汝矣鎭創出領將名色
貽弊於島中故數年前有此申飭革罷矣今聞自
汝矣鎭復踵前習又爲差出領將討索不少云豈有如
許無嚴之習乎事當別般嚴處是矣十分安徐玆以
牌飭爲去乎到卽所謂領將名色卽刻勿施更不得侵
島中是矣如或有漫漶因循之弊則首鎭吏斷當
捉上嚴刑遠配矣除尋常惕念擧行後形止馳告宜當

傳令　平日山日兩島民人等處　條牌子　八月二十八日

無他兩島還屬長興府之後鄕監旣已革罷則汝矣

島中新定式　進上海衣甘藿事當直納于本宮
是去乙至於今夏　進上甘藿不由本宮暗自上送于已
遞之鄉監豈有如許事體乎自今以後依例直納于本
宮俾無違越之弊宜當向事

黃海監營營吏處　同日　圖署
無他宮屬道內安岳馬餉垌田畓加結勿侵事曾有所
屢次牌飭是在果今聞自本邑謂以此是民私庄本非
宮庄之意報營云豈有如許無據之習乎此不可尋
常置之乙仍于玆以　圖署牌飭爲去乎到卽嚴
辭甘飭于該邑本庄加結名色一幷勿施爲旀誣告之
該邑吏爲先捉上營庭別般嚴處以懲其無嚴之習
是遣擧行形止卽爲馳告宜當向事

信川三公兄處　八月二十九日　圖署
無他宮屬本郡東部水梁洞所在田畓收稭次宮監下
送爲去乎作民中如或有頑拒作梗之類是去等依宮
監所報一一捉致官庭嚴治督捧俾無宮監滯留之
弊宜當向事

扶安三公兄處　圖署　八月三十日
無他宮屬本縣宮倉三間坪等地所在田畓近年以來連
値歉荒戊子己丑兩年結錢以今秋停退矣至於今年禾
穀以水災消融未免全不掛鎌之境本宮上納之欠縮姑

捨勿論今年結錢亦無以辦出故玆以　圖署牌飭爲
去乎到卽出送解事色吏被災畓庫一一看坪後今
年結錢全數災減俾無白徵之地爲旀戊己兩年結錢
段更以明秋停退是遣昨秋結錢外稱之以加徵錢六十餘
兩無難混侵於宮庄云豈有如許道理乎所謂加徵錢
卽爲還出給俾無漫漶不謹之弊宜當向事

全羅監營營吏處　措語上同　監營關道內扶安
到卽甘飭該邑
卽爲還出給措辭申飭後擧行形止卽爲馳告

通津三公兄處　圖署　同日
無他宮屬本府浦內里所在柴場所收柴木卽
內用各項餠食所需也所重與他逈別而近年以來因山直
輩之離散柴木每多愆滯不納之境故自今年爲始新
定式以浦內里居民二十九戶良中出給刈取雇價使之自洞
中刈柴以納是如乎如或有頑拒之類是去等依都山直
所告一一嚴治懲勵爲旀二十九戶煙戶雜役一一蠲免以爲
專意擧行於刈柴之地是遣柴場入葬之人每年稅柴
爲一百餘同而本里居李敬日多年不納以致上納欠縮之境
此不可尋常置之矣捉致官庭未收柴木一一督捧爲旀
別定將差執捉完固船隻以爲風高前裝載柴木上納
之地宜當向事

通津浦內里頭民等處　同日　條牌子

無他宮屬本洞所在柴場所收柴木卽　內用各項餠食所需也所重與他逈別而近年以來因山直之數爻不足每多愆滯不納之境今年爲始刈取雇價出給汝矣洞中二十九戶平均分排使之刈柴以納爲去乎以此意曉諭于洞中諸戶各須知悉擧行是矣如或有頑拒作弊之類則斷當上使別般嚴處矣以此定式以爲永久遵行之地宜當

鳳山三公兄處　九月初八日　圖署

無他宮屬庄土在於本郡西湖坊來臨所而收稧次宮監下送爲去乎作民中或有頑拒作梗之類是去等依所告這這懲治督捧出給俾無宮監滯留之弊爲旀宮庄所重果何如而元結爲三結四十七負二束結錢六十八兩四戔五卜式永久遵行矣挽近以來許多加結年增歲加結錢幾至倍簁宮納未免見縮之境故玆以　圖署牌飭爲去乎到卽元結錢外所謂加結名色一幷勿施爲旀且以摠戎米預結事曾有所申飭使之勿侵矣近年以來復踵前習稍復侵責豈有如許道理乎此亦一體勿侵是遣擧行形止卽爲馳告以爲憑處之地宜當

船都中三所任處　九月初九日　條牌子

無他本宮陰竹屯上納　水剌米及稅租各項穀陸百餘石載運船隻以十月勿前準備等待于驪州欣岩屯穀出浦處是矣如或有違越之弊則斷當別

般嚴處矣除尋常惕念舉行宜當向事

全羅監營營吏處　九月十二日　圖署

無他道內三島鎭露兒島卽內需司及本宮收稅上納之地也年前設鎭之後自靈岩郡稱之以大同米穀三百餘石創出名目欲爲勒徵於本島未免難保之境是如島民來訴故移報政府行關巡營使之勿侵者也今見靈岩民人等所訴則以爲自三島憑藉設鎭不納結稅歸之本邑未收害及於民間是如乎本島之稅納有無該邑之勒徵與否自有難臆廢載處故　啓稟後玆以　圖署牌飭爲去乎到卽邑鎭民吏處可據文蹟持是亦一幷押上查質歸正是矣營吏輩循私作奸之弊已所稔知者也到底査覈公平決處無或左右褊袒以至呼寃更煩之弊是遣舉行形止卽爲馳告以爲憑處之地宜當向事

全羅道靈岩幼學朴魯相李潤達謹齋沐上書于龍洞宮堂上大監閤下伏以本邑所屬露兒島甫吉島莻巨島合三島結卜二百四十結昭載於本邑量案亦在於本道監營量案而右島結二百四十結都付於本邑元狀簿中而右結稅米亦付於本邑稅米元上納總中故自該郡以後自島中年年納稅于本邑而自本邑使之裝納于京司各司者也往在甲申三島中鴟張奸宄之輩林才成高士允鄭邦賢稱以島中捄弊暗生肥己之計暴斂島

財締結營吏誣訴營門瞞告　京司初置別將再變
爲僉使以後稱以　本宮上納自謂免稅重大　正供頑
拒不納者至今爲七年矣化外濫法之漢豈有甚於此
乎大抵土是島中之土結亦島中之結而以有土之稅枉徵
於無土之民本邑嗷嗷之民情尙矣勿論一國堂堂之稅法
從玆蔑如矣且渠輩自稱曰自本邑島稅納于戶曹
云云而以此鳴寃於戶曹得公文而藉勢云此亦未滿一笑也
大凡本邑上納稅米幾千石都捧於民間以納于京各司此
是正規而豈以三島稅米獨納于戶曹之理乎島民之愚
蠢推此可　燭矣且島中稅米不納于本邑都倉私自
排捧於島民一以爲僉使之廩俸一以爲吏校收合之任
况各自肥己而歸之本邑未收京營促關星火飛流本邑
之民有何罪焉究其裏許則僉使吏校之任况勒作本
邑　正供之未收也生等以此鳴寃於巡營陳情於　政
府至承島稅自島中納上之關而自巡營門邑吏與島
民查正於營庭傍見本邑所在三島量案及營門量案
島民置該落科成節目以給邑鎭明白斷案矣噫
役島漢亦爲厚斂島財行賂翻案自唱而免稅是何
抑說耶夫免稅者謂　朝家免稅於本邑元結摠中
然後是可曰免稅而不此之爲自稱免稅而尙此頑拒究其
罪合置何辭生等不勝寃枉前後文狀與關文粘聯行籲
一視之下島陸何擇也伏望　洞燭後舉實　奏達結
稅歸正使本邑之民毋至流散呼冤之地無任祈懇之至
　題辭曰　事係民瘼詳查歸正之意行關巡營向事

九月十二日

清州三公兄處　圖署九月二十一日[32]

無他本宮洑庄在於本邑西江外一面智仁洞而洑源築自川內前溪十里引水灌漑百餘石落恒有不足之歎百餘年以來無弊修築矣年前壽谷居宋班善哉不顧爲害於宮洑無難築洑於歡喜城仍設水確自歡喜城距川內不過數里之地而洑上加洑自在法典故卽自本宮下送　圖署牌旨塡其洑毁其確以杜竊水之弊矣不意今者歡喜城居權班聲皐爲名人稱以買洑於宋善哉云歡喜城已塡之洑如前開拓水確亦爲設掛於舊確毁處當初毁其確而塡其洑非他確基在於毁洑咽喉故若塡其洑而不毁其確則所謂塡洑者無益故先毁其確而塡洑後洑與確基仍作宮庄傳來禁斷處而所謂權班蔑視無法行此無嚴之事卽爲捉治定配水確與洑使其宮庄作人卽速塡破以杜後弊庄土無至廢棄之地宜當向事

泰安三公兄處　九月二十三日　圖署

無他宮屬本府安眠島加耕田畓收稅次別定宮監下送是在果作民中頑拒作梗之類這這懲治督

32 【追記】因　堂上大監分付書 / 送于磚洞宅

捧爲斺昨年查正之際作民輩多有隱匿作奸之
弊是如乎宮監下往到底查覈或有難逭之罪狀
是去等依宮監所報別般懲勵以杜後弊之地宜當

傳令　安眠島五里舍音等處　同日　條牌子
無他宮屬本島加耕田畓查出收稅次曾有所京監
下送者而因汝矣等所訴再昨年收稅特爲蕩減
則昨年收稅準數上納云矣汝矣等敢生叵測之心
誣訴營邑每年以租二百石永爲定式上納是如乎該
作民處依例收稅汝矣等中間乾沒只以二百石上納豈
不萬萬可痛乎玆以查覈次宮監下送爲去乎若至
罪狀綻露之境則汝矣等當有別般嚴之擧矣今
年收稅段從實數捧納俾無一毫隱匿罪上添
罪之地宜當向事

全州三公兄處　圖署　十月初一日
無他宮納本邑元結一百二十結庚寅條稅米今自本邑
以代錢上送而代錢一款旣有他宮已例是去乙本宮
納只以一百五十二石十四斗代錢上送事之無據莫此爲
甚乙仍于玆以　圖署牌飭爲去乎到卽一百二十結
元納米只除三手米從實數零在米代錢依他宮例
一一區劃上送是矣如或有違越之端則斷當別般
嚴處矣惕念擧行後形止馳告宜當向事

長興三公兄處

無他宮納本邑元結三十結庚寅條稅米出給事既有所宮差與尺文下送矣各宮房亦有本邑免稅米今夏皆以代錢上送而元納與情費石數既有已例是去乙惟獨本宮只以元納三十五石零代錢上送事之無據莫此爲甚乙仍于玆以　圖署牌飭爲去乎到卽宮納依他宮例代錢一一區劃上送俾無異同之地是矣如或有違越之端則斷當有別般嚴處之擧矣惕念擧行後形止馳告宜當向事

載寧三公兄處　圖署　同月初三日

無他宮屬庄土在於本郡來臨所海倉南垌等地而秋收租放賣之時所謂各項分錢每石一兩七戔式自兵營恒定收捧矣自今年爲始每石加分二兩五戔又爲徵捧云聞不勝駭然爲先　圖署牌飭于監兵營是在果所謂加分名色一幷勿施是遣擧行形止卽爲馳告以爲憑處之地宜當向事

黃海監營營吏處

無他宮屬庄土在於道內載寧來臨所海倉南垌等地而秋收租放賣之時所謂各項分錢每石一兩七戔式自兵營恒定收捧矣自今年爲始每石加分二兩五戔又爲徵捧云聞不勝駭然玆以　圖署牌飭爲去乎所謂加分名色一幷勿施之意措辭申飭于兵營是遣

擧行形止卽爲馳告以爲憑處之地宜當向事

兵營營吏處　措語上同

長湍三公兄處　同日　條牌子

無他宮屬本府月峰山所在柴場所收柴木卽各項
內用擧行之需也每因執船之遲滯以致上納之晩
時故玆以牌飭爲去乎到卽別定將差執捉完固
船星火裝載以爲風高前盡數上納之地宜當向事

京畿監營營吏處　同日　圖署

無他道內坡州汶山浦葛皮旅閣卽本浦居吳命
學世傳之業而今依渠願付之本宮後以吳命學
仍差主人使之擧行是在果吏民間如或有作梗
侵漁之類是去等依該主人所告一一捉囚嚴懲之
意措辭甘飭于該邑是遣擧行形止卽爲馳報宜當

三島首鎭吏處　圖署　十月十六日

無他露兒島所在庄土卽本宮所管而挽近以來人心
不古吏校輩侵漁之端去益甚焉故玆以
圖署牌飭爲去乎到卽告于汝矣官家本島屯屬
煙戶雜役一幷頉免更無侵責之弊是遣擧行
形止卽爲馳告以爲憑處之地宜當向事

安岳三公兄處　條牌子　十月二十二日

無他宮屬庄土在於本郡遠城板橋兩坊新垌而下垌水稅以租二十石成節目遵行已爲多年矣不意今秋稱以移差主管責納四十八石云宮庄所重與他迥別㐲除良旣有營本邑節目定式者而無難毁劃恣意濫徵揆以事體萬萬駭然玆以牌飭爲去乎到卽告于汝矣官家後依節目施行毋得加稅之意嚴飭于水稅所監官是遣擧行形止卽爲馳告宜當

全羅監營營吏處　圖署　十月二十三日

無他宮屬屯土在於道內長興平日生日兩島而向於移屬巨文鎭之後該鎭之侵虐多端島民將至渙散之境故昨秋因該島訴寃　啓稟後還屬長興府以爲矯捄之方是如乎其在本邑宜加顧念俾爲安接而不體存恤之意反行誅求之端兩島嗷嗷民皆荷擔此若不別般更張必至空島乃已故玆更啓稟後　圖署牌飭爲去乎到卽自今爲始兩島土稅等節依明禮宮興陽折爾島例帳籍以爲幷自本宮句管使兩島無相干涉于營邑是遣或有營邑公納相關者勿許自邑直捧一依本宮新定節目自屯所收合轉送于該邑是矣若或官隷輩出入島中無難作弊者一一查覈嚴刑遠配以杜後弊之意嚴辭甘飭于該邑爲旀兵水營海衣進排千摠差定等名目與校卒輩侵漁之弊一體措辭嚴飭于兵水營使兩

島民人得爲安堵是遣擧行形止卽爲馳告以爲憑處之
宜當向事

長興三公兄處　同日

無他宮屬屯土在於本府平日生日兩島而向於移屬
巨文鎭之後該鎭之侵虐多端島民將至渙散之境
故昨秋因該島訴寃　啓稟後還屬長興府以爲
矯捄之方是如乎其在本邑宜加顧念俾爲安接而不體
存恤之意反行誅求之端兩島嗷嗷民皆荷擔此若
不別般更張必至空島乃已故玆更　啓稟後圖署
牌飭爲去乎到卽自今爲始兩島土稅等節依明禮
宮興陽折爾島例帳籍以外幷自本宮句管使兩島
無相干涉于本邑是遣或有營邑公納相關者勿許直
捧一依本宮新定節目自屯所收合轉送于本邑是矣
若或官隷輩出入島中無難作弊者一一査覈嚴刑
遠配以杜後弊使兩島民人得爲安堵是遣擧行形止
卽爲馳告以爲憑處之地宜當向事

全羅兵營營吏處　同日

無他宮屬屯土在於長興平日生日兩島之地而向於移
屬巨文鎭之後該鎭之侵虐多端將至渙散之境故
昨秋因該島訴寃　啓稟後還屬長興府以爲
矯捄之方矣自本邑不體顧恤之意反行誅求之
端兩島嗷嗷民皆荷擔將至空島之境故玆更

啓稟後　圖署牌飭于營邑自今爲始兩島土稅等
節依明禮宮折爾島例帳籍以外幷自本宮句管使
兩島無相干涉于營邑是如乎汝矣營門之海衣進
排與千摠差定等名色亦復多端作弊不少自今爲
始一幷革罷更勿侵責是矣如或有校卒輩入島侵
漁之弊則斷當行關上使別般嚴處矣惕念擧行
後形止馳告以爲憑處之地宜當向事

全羅水營營吏處　同日

無他宮屬屯土在於長興平日生日兩島之地而向於移屬
巨文鎭之後該鎭之侵虐多端將至渙散之境故昨秋
因該島訴寃　啓稟後還屬長興府以爲矯捄
之方矣自本邑不體顧恤之意反行誅求之端兩島
嗷嗷民皆荷擔將至空島之境故玆更　啓稟
後　圖署牌飭于營邑自今爲始兩島土稅等節依
明禮宮興陽折爾島例帳籍以爲幷自本宮句管使
島無相干涉于營邑是如乎水營校卒輩之出入島中侵
漁作弊罔有紀極不可尋常置之矣嚴飭營屬更無
得入島討索是矣若或復踵前習則斷當行關上使
別般嚴處矣惕念擧行後形止馳告以爲憑處之地宜當

傳令　長興平日島大小民人等處　十一月初九日

無他本島移屬巨文鎭之後因該鎭之侵虐多端將
至難保之境故昨秋　啓稟後還屬長興府以

爲矯捄之方矣今聞自該府不體顧恤之意反行
誅求之習一島嗷嗷民皆荷擔是如云此若不別般
更張則來頭之弊將不知至於何境故具由更
稟後　圖署牌飭于營邑從今以後依明禮宮所
管興陽折爾島例本島帳籍以外幷自本宮句管
是矣如或有公納相關之端是良置勿許自邑直捧
當自本宮屯所收合轉送于該邑使本島無相干涉
于該邑是如乎依此行之則庶幾有補於島民奠接
之方而不可無釐正節目成給之擧行故玆以令飭
爲去乎以此傳令這這曉諭于島中俾無一民不知之
弊是遣大小民人一齊會同爛加商確後島中積年
痼瘼一一錄上以爲新定節目永久無弊遵行之
地是矣年前鄕監名色因貽弊島中旣已革罷
而不可無島內大小事句管之人矣必以有才望風力
者從公議另擇上送則當自本宮差定島長使之
專管一島矣一體知悉擧行宜當向事

長興生日島大小民人等處　措語上同

安岳三公兄處　圖署　十一月十六日[33]
無他宮屬蘆場在於本郡遠城坊而戶曹納結錢三
手粮合八百餘兩馱價每百以五兩酌定元結價幷拮据

33 【追記】因　堂上大監分付據 / 書送于勳洞宅

于該郡使之轉納幾多年遵行之已例而該吏輩
敢生嘗試之計馱價每百以十五兩今猝責納云莫
重宮稅納無難如是操縱者萬萬駭然乙仍于
玆以　圖署牌飭爲去乎到卽告官嚴飭該吏
俾無抵罪之地是遣若有所拘碍之端則自宮
直納後受尺文臘月內下送以爲憑考事甚兩便
幷須知悉擧行爲於形止亦卽馳告宜當向事

豊德三公兄處　圖署　十一月十八日
無他宮屬本府所在望浦上下洑卽多年收稅之地也不意
今秋本洞居柳孔玉柳時述金喜聖三漢符同作奸
全不納稅至於他作人所捧處亦皆沮戲不納上洑未收
爲八石七斗下洑未收爲十二石十一斗莫重宮納因此愆
納豈有如許無嚴頑悖之輩乎玆以宮差下送爲
去乎到卽未收稅租爲先一一督捧同三漢囹夜押
上以爲照法嚴處之地宜當向事

慶尙監營營吏處　圖署　十一月十九日
無他宮屬蘆場在於道內梁山郡而金海居黃允贇
爲名漢蘆草價延拖不納以致宮納之遲滯豈有如
許無嚴之漢乎玆以　圖署牌飭爲去乎到卽
依該鄕監鄭正澤所告甘飭該邑黃哥漢捉上營
庭未納蘆價刻期督捧出給俾無宮納愆滯之弊宜當

京畿監營營吏處　圖署　同日

無他宮屬道內長湍月峰山柴場山直梁德淳以撥戶卜定將未免難保之境故玆以　圖署牌飭爲去乎到卽嚴飭撥將梁德淳撥戶卜定卽爲勿施使之奠接專意擧行於柴場之地宜當向事

慶尙監營營吏處　圖署　十二月初七日

無他道內晉州舊海倉浦口主人與泗川新場浦口主人自本宮給準價買得以爲內供饌需之資而旣屬本宮則所重與他逈別凡於收稅等節一遵舊規施行之意自本邑成節目無弊遵行是在果自巡營謂以本宮來商船鹽收稅每兩頭三分式收捧云此浦旣屬本宮所管則豈有疊徵之理乎事未穩當玆以　圖署牌飭爲去乎鹽稅段行關該邑永勿侵漁之弊爲旀擧行形止幷爲馳告宜當向事

晉州泗川措語上同

中和三公兄處　圖署　十二月十四日

無他宮屬本府石好坊所在收稅去核以土居導掌使之擧行而作民中如有頑拒作梗之類是去等依導掌所告這這懲治督捧俾無上納遲滯之弊事惕念擧行宜當向事

李奴千萬處　條牌子　同日

無他宮屬龍仁田畓舍音除下代以汝矣身差定爲去乎勸耕灌漑等節着實擧行俾無不謹之弊宜當向事

京畿監營營吏處　圖署[34]

無他本宮庄土在於道內豊德望浦等地而上下洑處管在庄內年例收稅以爲宮用是在果于今年唯作人輩專事稱托多有頑拒者故自本宮申飭該邑使之督捧矣猶爲不悛誣呈營邑完不畢納至有鄕監推捉之稅云是豈道理乎玆以　圖署牌飭爲去乎卽爲嚴關于該邑這間簸弄沮戱之輩一一摘發捉囚嚴繩是遣依鄕監所告未收零租不日督捧以充宮納是矣如或有一向頑拒之端則斷當嚴處期於刑配後乃已以此惕念無至漫漶宜當向事

長興三公兄處　圖署　十二月二十三日[35]

無他向以本府所在生平兩島捄弊事已有所牌飭而聞自本邑新節目減革以爲矯捄之策然而其在爲民之地自宮亦當有別般歸正者則所謂正初發令條姑勿擧論待本宮行會施行是矣如有奸吏輩視以文具徑先徵索之弊則斷當

34 【追記】同日因　堂上大監分付 / 書納

35 【追記】因　堂上大監

啓稟後別般嚴處矣除尋常惕念毋至抵罪之地宜當

傳令　平日山日兩島民人等處　同日

無他向以兩島捄弊事有所令飭是在果聞自該邑

新定節目減革以爲矯捄之策然就其中或不

無釐正者從當有別般嚴通之道故爲先申飭

該邑所謂歲初發令條使之姑勿擧論待本宮行會

施行矣汝矣等亦須知悉如或有奸吏輩徑先徵索

之弊是良置切勿出給卽爲馳告本宮以爲別般嚴處之

地宜當向事

辛卯十二月二十八日

右爲成節目以給事坡州汶山浦葛皮旅閣卽

是本浦居民吳命學之世業也而挽近以來商旅

渙散未免廢業之境故付之本宮後以吳命學仍

差主人使之擧行爲去乎各須知悉以爲永久遵行之

地是遣各處商旅輩與本浦居民等亦須有無交易

實遵舊規會于旅閣爲於各項應役與上納等節

罔或有違是矣若或有無賴之輩侵漁作拏是去

乃各處商旅輩散歸他店之弊是去等指名報來

以爲嚴懲之地宜當者

一本浦所來蔓葛橡皮無得散歸於他店事

一吏民間如或有侵漁之弊馳告本宮別般嚴處事

一葛皮過去船每駄分錢一兩式收捧事

一陵幸時蔓葛依例進排事

一本宮上納每年以三百兩式秋等捧納事

一未盡條件追後磨錬事

傳令　汶山浦領所任處　同日

無他本浦葛皮旅閣付之本宮後以吳命學仍

差主人使之擧行之意既有所牌飭本邑者而名不知

朴班與李景純輩符同沮戲云者聞甚痛駭李景

純之勒賣葛皮利條七百餘兩卽爲推囚納于本宮以杜

後弊之地宜當向事

帖文　康泳祐　條牌子　康俊鎬持去

無他宮屬禁府後洞大棗旅閣主人池成龍自退代

以汝矣身差定爲去乎收稅上納等節着實擧行

俾無不謹之弊宜當向事

1892년(임진)

順天三公兄處　壬辰二月初四日

無他宮屬本府所在屯稅米收捧上納次宮監下送爲去乎

必以精白米各別擇捧趁早裝載上送爲乎矣作民中

如或有頑拒作梗之類是去等依宮監所報這這嚴治

督捧爲旀住岩松光等地昨秋稅租及火粟稅錢段置

若或有拒納作人是去等卽爲捉囚督捧俾無晩時
遲滯之弊事惕念擧行宜當向事

南海三公兄處　同日
無他宮屬本縣錦山屯稅米收捧上納次宮監下送爲去乎
作民中如或有頑拒作梗之類是去等依宮監所報這這
懲治督捧俾無遲滯之弊惕念擧行宜當向事

河東三公兄處　同日
無他宮屬本邑所在屯畓二十一結九十一負七束內壬戌永災
七十四負四束除之實二十一結十七負三束稅錢依邑例準
數出給於下往宮監之意嚴飭該色吏處俾無遲滯之弊
事惕念擧行宜當向事

通津三公兄處　二月二十一日
無他宮屬本府所在柴場昨秋柴木因氷泊未上納
者爲二千餘同而今方氷解行船故宮差玆以下送
爲去乎到卽定將差執捉完固船星火裝載上送
以爲　內用進排無弊擧行之意惕念擧行俾無
抵罪之地宜當向事

坡州三公兄處　三月初二日　條牌子
無他本邑汶山浦葛皮旅閣付之本宮以吳命學
仍差主人曾有所　圖署牌飭于巡營矣今聞

本浦居民輩或有頑拒作梗之類故玆以牌飭爲
去乎到卽嚴辭傳令于該浦居民等處是矣如或
有一向作拏之漢是去等捉致官庭嚴刑懲勵以
杜後弊是遣擧行形止卽爲馳告宜當向事

長湍三公兄處　同日　條牌子

無他宮屬柴場在於本邑月峰山之地而山下居李
仲先者十餘年前暗地入葬於柴場之內無一分山
稅徵納侤除良近年以來反禁他人之采樵入葬豈
有如許無據之漢乎玆以牌飭爲去乎到卽李仲
先捉致官庭嚴治懲勵刻期督掘是遣柴場基
地內若更有入葬之弊是去等依都山直所告一切禁
斷以杜後弊之地宜當向事

龍仁直洞導掌及前舍音處　同日　條牌子

無他本宮舍音年前以李奴千萬差出使之擧行矣
今聞其所告則前舍音頑拒作梗諸般事趁不傳
掌云豈有如許無嚴之漢乎事不可仍差玆以
牌飭爲去乎到卽舍音私耕畓與可考文蹟一一傳
給於李奴千萬處是矣如或有遲緩延拖之弊則
該導掌與前舍音斷當別般嚴處矣卽速擧行
俾無漫漶抵罪之地宜當向事

京畿監營營吏處　三月初十日　圖署

無他道內坡州汶山浦葛皮旅閣自作年付之本宮
後曾有所　圖署申飭頑拒作梗之類捉囚懲
勵之意使之甘飭該邑矣今聞該旅閣主人所告則自
該邑漫不擧行趁不令飭於該浦口云事之無嚴
莫此爲甚乙仍于玆更　圖署牌飭爲去乎到卽
嚴辭甘飭于該邑卽爲傳令于該浦口是矣如或有
一向漫漶之弊是去等首吏鄕上使嚴治俾無如前
延拖之地是遣擧行形止卽爲馳告宜當向事

帖文　張基俊處　同日　條牌子
無他宮屬廣州堂汀島上納穀物及柴草載運
次新造船隻沙工以汝矣身差定爲去乎所經各處執
船侵漁之弊以此憑考勿侵爲旀所謂船都中收
斂名色一體頃免是矣如或有頑拒作梗之類是
去等卽爲指名馳告以爲別般嚴處之地宜當向事

巨文鎭首鎭吏處　圖署　十五日
無他宮屬長興所在平日生日兩島年前移屬本鎭又
復還付長興府者圖出於保護島民之意而今又以
該邑侵虐較昔愈甚之意島民呼訴故自政府入
啓兩島帳籍還屬本鎭以爲矯捄之方是如乎諸般
事一依本宮及政府節目兩島應役錢一千三百兩及
戶籍單債結作砲粮以外無或有一毫科外討索
之弊是遣鎭屬及閑雜之類出入島中者一切禁

斷以爲島民奠接之地是矣如或有犯科侵漁則
汝矣等斷當上使照律嚴處矣除尋常惕念擧
行形止馳告宜當向事

長興三公兄處　圖署　同日

無他宮屬平日生日兩島今因政府草記移屬于巨文
鎭捄弊諸條自本宮成節目以給是如乎吏屬輩侵
漁島民之弊一切禁斷以爲島民奠接之地爲旀宮
屯前都監嚴瓚敎兩島今年條稅錢中二千餘兩昨
秋預先收斂于島中至有島民呼寃之境豈有如
許無據之漢乎嚴瓚敎捉囚嚴治右錢二千餘兩
刻期督捧出給島民是矣如或拘於顔私漫漶延
拖之弊則汝矣等斷當上使別般嚴處矣除尋常
惕念擧行後形止馳告宜當向事

全羅兵營營吏處

無他宮屬長興平日生日兩島今因政府草記還屬于
巨文鎭是在果每自汝矣營稱之以弓柴木代錢海衣
進排侵漁島民罔有紀極將至難保之境故自本宮
及政府節目成給以爲捄弊之方是如乎從今以後
一依節目辭意弓柴木海衣進排等名色一切勿侵
以爲島民奠接之地是矣如或有復踵前習之弊則
汝矣等斷當上使別般嚴處矣除尋常惕念擧行後形
止馳告宜當向事

完文

右完文爲成給事在昔虞舜之治也至于海隅罔不率俾殷王之遷也憂其圮河胥遷以生則海陬遐裔之氓王政之尤所矜恤者卽有以也顧彼生平兩島僻在海濱鹵瀉之地所居盡是蝸屋蝸角所業不過烹蔬拾鰕而已每多昏墊流散之不暇而諸般侵漁之弊挽近尤甚兵水營之藉禁討索沿邑吏之稱令濫徵不可一一枚擧則遐土愚蠢之氓有寃而不能自通絶島貧窶之輩失業而未得奠接至于今年兩島之民齎鬱會議極出萬死之計裹足涉海齊聲呼籲於本宮則兩島素是本宮所管若無自宮扶護一任外邑之橫討則非徒民情之矜憐涸轍之困將不知何境故多少情實具由

啓稟幸蒙自

上寬恤之澤又有　朝家軫念兩島段特爲移籍于巨文鎭更無關涉於監兵水營及長興府之意依政府節目玆成完文以給爲去乎自玆以還窮島殘民賴以安接庶或有望　㬋世至化無遠不屆於斯可鑑雖爾愚夫愚婦俱是化育中物歌詠太平之德容有極乎依此完文中節目著爲定式永久遵行宜當者

節目

一本島土稅錢自該島擇其可堪者依前所納當限直

納于本宮是遣所謂屯屬一切勿許出入于島中事

一三手結作砲粮米代錢依前稅納而一依本鎭稅米代錢

例捧納是遣所謂結頭錢宮庄初無徵納之例而曾屬

該邑時無端責出云自今以後永爲勿施事

一式年戶籍單債依前本宮節目每帳頭一戔六分式

永爲定式爲於元定繇役錢一千三百兩以二八月分納雜

費等節一幷勿施而自本鎭主人名色差出一款切勿擧

論鎭屬輩亦勿許出入島中事

一甘藿二百丹五月內　進上海衣三百吐十二月內　進上事

一兩島之漁鹽船稅從其元船案上納秩隨存充亡

更無加減雖當點船式年元稅外雜費一款切勿施

行事

一兩島加沙里段本是稀種雖某衙營及京各司公文

都買名色切勿施行事

一早藿桑寄生　進上段自長興府封進者則

更勿侵責於兩島事

一兵營納弓柴木代錢也海衣進排也水營之松禁也

營邑鎭之族徵也加資也進士先達遊科也風憲也

捜討領長也一幷革罷事

一長興陸面及浦口良中島民買菜貿穀之際若有

沮戱者指名直告于本宮以爲別般嚴治事

一兩島無賴之輩凌虐殘民有浮於營邑之弊若

或復踵前習符官隷侵虐平民是去乃兩島所屬該

島所産之納不遵時價以廉價勒買者一一摘發報宮嚴

處逐出境外事

一未盡條件追後磨鍊事

三島鎭露兒島頭民等處　三月二十五日

無他本島曾屬靈岩郡之時因吏屬之侵漁未免
難保之境矣一自設置獨鎭邑鎭分界之後與該邑
更無相關是去乙頑彼靈岩吏屬假托屯租推諉三島
至於誣置巡營報于政府是如乎當初獨鎭時節目
中所謂屯租四百八十餘石乃是該邑吏之假稱戶曹屯租
入於勿施秩而奸吏輩之因此起鬧事甚駭惡故自本
宮　圖署申飭于巡營使之永永勿侵亦有政府題辭
使之成完文分給邑鎭矣從今以後汝矣民人等各須
安堵奠接以保其業與靈岩郡永無相關是遣且以
島民論之閑雜無賴之輩符同邑屬每多侵虐殘
民之弊云若或有復踵前習侵漁作梗之類是去等卽
爲指名馳告本宮以爲行關捉上照律遠配之地宜當向事

全羅監營營吏處　同日

無他宮屬三島鎭露兒島自設獨鎭以後與靈岩郡
更無相關者而自該邑假托屯租推諉島中將至難保
之境云故自本宮曾有所屢次牌飭于營邑使之勿侵而
自該邑無端起鬧期欲橫徵于三島豈有如許無嚴
之習乎當初獨鎭時政府節目中靈岩所捧屯租四
百八十餘石係是該邑吏之假稱戶曹屯租條也入於勿施秩

文蹟昭然墨痕未乾又有此擧究厥所爲萬萬痛駭
玆更　圖署牌飭爲去乎到卽嚴飭該邑更無得
侵責島民是矣如或復踵前習一向作挐是去等該邑
吏嚴刑遠配以杜後弊是遣亦以此意成完文出給以爲
島民安堵之地宜當向事

驪州三公兄處　同日

無他宮屬陰竹所在屯土昨秋收捧稅租代錢中三千兩自
屯所出給於本牧牛滿里居羅健善處使之換錢上
納矣無端延拖至于今日稱之以出給於京商金平心
爲名者而金漢仍爲逃走云自屯所當初出給於羅健
善者而今欲推諉於金漢是豈成說乎羅漢所爲
萬萬痛駭此不可尋常處之乙仍于玆以　圖署牌
飭爲去乎到卽羅健善發差捉得押上宮庭以爲查實
督捧之地是矣如或有漫漶遲緩之弊則汝矣等亦
難免重罪矣惕念擧行宜當向事

帖文　郭景範處　三月二十九日　條牌子

無他宮屬恩津江鏡浦北魚旅閣收稅鄕監孔允會
除下代以汝矣身差定爲去乎收稅上納等節着實
擧行俾無不謹之弊宜當向事

扶安三公兄處　圖署　同日

無他宮屬本縣宮倉三間坪等處所在田畓戊子己丑兩

年結錢因昨秋歉荒之致有所牌飭又爲停退於今
秋矣今聞稱之以轉運使知委捉囚鄕監己丑條結錢自
官督納云以若昨秋大歉之餘昨年結錢亦爲災減而
停退結錢將何以辦出乎此必是汝矣等藉托勒徵
之計也玆以　圖署牌飭爲去乎到卽以此意馳報
于轉運使己丑條停退結錢待秋成收捧是遣該鄕
監卽爲放送後擧行形止爲先馳告以爲憑處之地宜當

忠州三公兄處　圖署　四月初四日
無他本邑免稅米之上納自有月當是去乙挽近以來每
多延拖過當之弊宮納庚寅條稅米拖至於夏秋之間
矣至於今年各宮稅米聞已畢納而惟獨本宮稅米尙此
不納該色輩弄奸之習萬萬可駭此不可尋常置之
乙仍于玆以　圖署牌飭爲去乎到卽本宮納元結
一百五十結辛卯條稅米執船裝載星火上納以爲及時入
用之地是矣如或有一向遲緩之弊則汝矣等斷當上
使別般嚴處矣除尋常惕念擧行宜當向事

長興三公兄處　圖署　四月十二日
無他各邑免稅米之上納自有月當是去乙本邑所納本
宮元結三十結稅米每多延拖愆納之弊此必是該色
輩幻弄作奸之所致豈有如許無嚴之習乎玆以
圖署牌飭爲去乎到卽宮納三十結辛卯條稅米不日督
捧必以完固船裝載上送以爲及時入用之地是矣若或

有如前漫漶之弊則汝矣等斷當上使別般嚴處
矣除尋常惕念擧行宜當向事

全州　措語上同　結數一百二十結

傳令　平日生日兩島民人等處
無他兩島今旣還付巨文鎭諸般爲弊之端一一釐
正政府節目及本宮完文玆以定宮差下送爲去乎
各須知悉以爲永久遵行之地爲於兩島之事句
管無人所謂屯長名色自今爲始不可不自宮擇差
矣自島中必以可堪之人另擇望報以爲成出差帖
使之擧行是遣島民蔡基中金元仲留京衣
食債爲當五錢一萬二千兩云此是爲島事逗留
煙價也自汝矣島中問于渠等商議報給而食債
外如或以雜費名色有所徵出是去等一切勿施馳告本宮
以爲別般措處之地爲於且加沙里稅錢事移報經理
營詳査措處後更問于巡兵營矣以此知悉無至
徑先躁擾之弊宜當向事

裵瓚敦處　五月初八日　條牌子
無他一自汝矣身新島鄕監擧行之後庚寅條上
納拖至昨冬纔爲來納而加計錢又爲不納豈有如
許無嚴之習乎玆以除汰後以金晩壽差定鄕監
矣庚寅條加計錢三百兩卽爲出給于金晩壽是遣

辛卯條上納一體出給以爲卽速上納之地宜當向事

金晩壽處　同日　條牌子

無他宮屬金海新島鄕監裵瓚敦除下代以汝

矣身差定爲去乎收稅上納等節着實擧行爲

旀稅錢三百兩段以翌年四月無違來納俾無不

謹之弊宜當向事

黃州三公兄處　圖署　五月二十二日

無他宮屬庄土在於本牧德水坊金光里而墨川里

居崔弘官金應珏金鼎九金宗澤等誣訴呈狀墨

川里公錢二千兩勒徵於金光里庄內居民將至渙散

之境揆以事體萬萬駭然雖私庄自有彊界之殊

則不當移徵於他里而況宮庄所重與他逈別者乎

啓稟後玆以　圖署牌飭爲去乎到卽告于汝矣官

家後右項勒徵錢二千兩不日督捧還給于宮庄監

官鄭德璋處是遣奸民崔弘官等四漢報營刑

配後形止馳告以爲憑處之地宜當向事

平山三公兄處　圖署　五月二十八日

無他宮屬庄土在於本府龍川坊而結役元定式外

毋論某加結勿侵之意已有牌飭由來定式者而卽見

鄕監馳告則該色輩稱之以牌卜加結昨今兩年至於侵

責云屢飭歸正之下該吏無憚之習豈容若是此不可

尋常懲戢是遣且洑役言之役費比前十倍叱除良
漲水潰缺甚大難以成樣矣由來除役外一百戶加數
頉給以補洑役事甚穩當故具由入
稟後玆以　圖署牌旨下送爲去乎到卽加結侵
漁之該色自官嚴治爲旀一百戶除役幷卽頉給後擧行
形止馳報以爲　入稟之地是矣如有漫漶不謹之弊
汝矣等亦難免重勘矣除尋常惕念擧行宜當向事

楊州忘憂里頭村及各作人等處　條牌子　六月十八日
無他本洞所在宮庄上流築洑處今番漲水之時太半
潰決不可不及今修築故玆以牌飭爲去乎以此意曉
諭于洑下各畓作人等處以爲會同赴役不日完築之
地是矣如此大同之役若或有稱托謀避之類是去等
卽爲馳告以爲別般嚴處之地宜當向事

巨文島首鎭吏處　閏六月二十八日　條牌子
無他平日生日兩島旣已還屬本鎭諸般爲弊之端一一
矯釐完文下送矣今聞李季俊爲名者符同島中挾
雜之類假稱鄕監侵擾島民浮費錢幾萬兩欲
爲勒徵島民未免離散之境云聞不勝萬萬駭然
當初因鄕監之貽弊島民旣已永革者而豈有更
爲設置之理是旀所謂浮費錢因上京島民之所訴
留京食債商議徵給之意有所令飭于兩島者而
今如是夥然討索反爲兩島難保之境此不可尋常

置之玆以牌飭爲去乎自本鎭李季俊爲先捉囚
嚴治其假托鄕監之委折取招上送是遣食債徵
給之傳令卽爲還收爻周上送以爲別般措處之地
是矣如或有一向作鬧之漢是去等一幷捉囚報來
俾島民安堵奠接之地宜當向事

黃海兵營營吏處　圖署　七月初十日
無他宮屬黃州德水坊浦串里所在田畓結錢釐正事
牌飭營邑非止一再而今聞該色輩敢生不測之心稱
之以私庄更依民結例出秩督捧云豈有如許無嚴之
習乎此不可尋常置之乙仍于玆以　圖署牌
飭爲去乎到卽該色吏爲先捉致營庭嚴刑懲勵
是遣結錢段宮結外更無得一毫濫捧是矣如是申飭
之後若或有復踵前習之弊則汝矣等亦當別般嚴
處矣除尋常惕念擧行後形止馳告以爲憑處之
地宜當向事

黃州三公兄處　同日
無他宮屬本牧德水坊浦串里所在田畓結錢釐正
事牌飭營邑非止一再而今聞該色輩敢生不測之
心稱之以私庄更依民結例出秩督捧云豈有如許
無嚴之習乎此不可尋常置之乙仍于玆以
圖署牌飭爲去乎到卽該色吏爲先捉致官庭嚴
刑懲勵是遣結錢段宮結外更無得一毫濫捧是

矣如是申飭之後若或有復踵前習之弊則斷當
有別般嚴處之擧矣除尋常愓念擧行後形
止馳告以爲憑處之地宜當向事

金海三公兄處　同日

無他宮屬本府新島前鄕監裵瓚敦庚寅條上納
加計錢與辛卯條上納全不來納豈有如許無嚴之漢
乎此不可尋常置之乙仍于玆以　圖署牌飭爲
去乎到卽裵漢捉致官庭庚寅條加計錢三百兩辛
卯條上納錢幷加計六百兩合錢九百兩刻期督捧出
給新差鄕監金晩壽處以爲不日上納之地是矣如
或有頑拒不納之弊是去等定將差押上本宮以
爲別般嚴處之地宜當向事

平日生日兩島頭民等處　七月十六日

無他汝矣等所報依到詳覽是在果若果如狀辭則
都監所爲誠萬萬痛駭而其中辭意亦不無糢
糊難信之端矣待其下往宮差上來後有所以
查問歸正之事玆先牌飭爲去乎到卽宮差張
漢壽金宗錫星火起送無至遲緩之弊是遣
諸般事第待下回措處之地宜當向事

張漢壽金宗錫處　同日

無他汝矣身下去以後至于今三四朔尙未上來未

知緣何委折而今見島民所訴多有糢糊難信
之端必待汝矣等上來査問後可以歸正矣卽爲發
程上來俾無遲緩之地宜當向事

金福成處　八月初四日　條牌子
無他宮屬通津柴場都山直千天良除下代汝矣身差
定爲去乎柴木刈取及船運上納等節着實擧行俾
無不謹之弊宜當向事

南海錦山屯都監李達秀處　同日　條牌子
無他汝矣身都監擧行今爲十年之久而今謂以
都監之任有所上京圖得者是如秋捧在邇漫不
擧行云聞不勝駭然設或有差汰之境是良置
待本宮處分退去爲宜是去乙況初無是事而信
聽傳聞之說遽自姿慢乎玆以牌飭爲去乎到卽
莫加勉勵着實擧行是遣形止馳告以爲憑處之
地宜當向事

帖文　開城府虎頭浦居黃順甫姜德弘處二張[36]
無他本宮所用柴草載運上來次汝矣身船隻別定下
送爲去乎往來之際所經各處侵漁執頉之弊以此
憑考勿侵是矣如或有頑拒作梗之類是去等卽爲

36 【追記】八月初一日

指名馳告以爲別般嚴處之地宜當向事

傳令　船都中所任等處　八月十一日

無他宮屬陰竹屯稅租及春精

水刺白米裝載船隻卽自汝矣都中擧行者

也今年段置亦依前例今九月旬間等待于驪

州欣岩屯穀出浦處是矣若或有晩時遲滯之

弊則汝矣等斷當別般嚴處矣惕念擧行俾無不謹

之地宜當向事

扶安三公兄處　圖署八月十四日

無他宮屬本縣宮倉三間坪月岩里等處所在田畓

收穧次宮監下送是在果比年歉荒之餘至於今年

比前尤甚邑納結錢不可不全數災減且以戊子己丑停

退結錢言之勢將更爲停退然後民情可以支保故玆以

圖署牌飭爲去乎到卽出送色吏一一看坪後今年結

錢全數蠲減是遣戊己結錢更待明秋捧納是矣擧行

形止爲先馳告以爲憑處之地宜當向事

全羅監營營吏處　同日

無他宮屬道內扶安宮倉三間坪等處所在田畓比年

歉荒之餘至於今年旱害尤甚哉至全陳之境以若

今年所收租包本宮上納姑舍勿論邑納結錢辦出無

路不可不全數災減然後民情可以支保且戊子己丑

停退結錢亦無以可勘故玆以　圖署牌飭爲去乎到

卽發甘該邑出送色吏一一看審後宮庄今年結錢使

之全數蠲減爲旀戊己兩年結錢更以明秋停退俾

無白地勒徵之意措辭嚴飭是遣擧行形止卽爲馳告

宜當向事

37　李箕福處　圖署　同日

無他宮屬鳳山西湖坊所在田庄監官以汝矣身差定是

在果挽近以來作人輩不知宮納所重推托歉年每多

延拖愆納之弊究厥所爲萬萬痛駭若或有復踵

前習之作人是去等卽爲指名馳告則斷當行關嚴

處矣以此知悉擧行無至抵罪之地宜當向事

全羅監營營吏處　同日

無他宮屬長興平日生日兩島旣已還屬巨文鎭而以

早藿桑寄生封進事自長興邑報營文移于巨

文鎭使兩島進排云早藿則長興屬島無處無之

桑寄生則尙近邑亦多有之非獨兩島所産者也且戊子移籍時亦以此事相持當

自該邑擔當封進者而今何以侵責於移屬之兩島

乎玆以　圖署牌飭爲去乎到卽措辭甘飭于

長興邑早藿桑寄生自該邑依例封進更勿侵

責於兩島是遣且加沙里本是兩島稀産之物故經

---

37 【欄外】移送磚洞 / 堂上大監 / 分付內本 / 宮自今 / 爲始勿 / 爲公 / 事之 / 有 / 敎

理營所納稅錢依折爾島例永爲勿施矣自今以後都
穀抑買之弊一切嚴禁事申飭于邑鎭兵水營使
之勿侵是遣擧行形止卽爲馳告宜當向事

全羅兵營營吏處　同日

無他宮屬平日生日兩島移籍于巨文鎭之後各樣弊
瘼旣已成節目矯釐是在果營邑吏屬輩出入島
中侵漁作弊之類各別禁斷爲旀兩島加沙里本是
稀産之物故經理營所納稅錢依折爾島例永爲勿
施矣自今以後營屬輩都穀抑買之弊一切嚴禁
是遣且長興屯都監任大均自營門稱之以作弊島
中發關推捉云都監亦是宮屬也自本宮第當捉上
嚴懲其罪而方今秋捧當頭都監逃躱無以擧
行云任大均推捉關文卽爲還收使之安意擧行之地
宜當向事

巨文島首鎭吏處　同日

無他平生兩島旣已還屬本鎭而元節目中繇役
錢一千三百兩以二八月分等上納主人差出一款切勿擧論
而墨痕未乾今聞以門樓助役四營主人役價等名色
出秩督捧云聞不勝駭然玆以　圖署牌飭爲
去乎到卽元定錢一千三百兩外各項雜役一幷勿施
兩島主人亦爲革罷爲旀加沙里稅錢事移報經理營
依折爾島例永爲勿施矣自今以後所謂都穀抑買之

弊一切嚴禁是矣鎭屬輩如或有出入島中侵漁作弊之類則汝矣等斷當上使別般嚴處矣惕念擧行形止馳報宜當向事

長興三公兄處　同日

無他宮屬本府所在屯畓收稤次宮監下送爲去乎作民中如或有頑拒之類是去等一幷懲治督捧爲於平生兩島旣已移屬巨文鎭則早藿桑寄生當自本邑封進是去乙報營文移于巨文鎭使兩島進排云戊子移籍之時亦以此事相持竟自本邑封進者而今何以侵責於移屬之兩島乎自今以後自本邑封進更勿侵責於兩島是矣如或有復踵前習之弊則汝矣等斷當上使別般嚴處矣惕念擧行後形止馳告宜當向事

38　鳳山三公兄處　同日

無他宮屬庄土在於本郡西湖坊來臨所收稤次宮監下送爲去乎作民中或有頑拒作梗之類是去等依宮監所告這這懲治督捧出給俾無宮監滯留之弊爲於宮庄加結及摠戎米勿侵事依昨年下送圖署公事辭意永爲勿施是遣擧行形止卽爲馳告以爲憑處之地宜當向事

---

38 【欄外】堂上大監 / 分付內 / 自今爲 / 始本宮 / 勿爲公 / 事之 / 有 / 敎

39　載寧三公兄處　同日

無他宮屬庄土在於本郡上栗坊來臨所而貴男名下
結十二負九束及新買蘆田方逢云名下結二十二負五束
旣屬本宮則所重與他逈別元結外加結名色永爲勿侵之
意玆以　圖署牌飭爲去乎惕念擧行是遣形止馳告
以爲憑處之地宜當向事

載寧海倉來臨所南垌等　龍仁　洪州　中和
瓮津　古阜前例外稱托災歲添錄

壬辰八月十九日　全羅監營營吏處

無他本宮納全州元結一百二十結辛卯條稅米月當已過
至于今延拖不納該邑所爲萬萬痛駭此是該色輩中間
幻弄之所致有不可尋常置之乙仍于
啓稟後玆以　圖署牌飭爲去乎到卽嚴飭本邑同
稅米星火裝載不日上送無至遲緩之弊爲旀該邑
吏段爲先定將羅捉上本宮以爲移法司照律刑配之
地是遣擧行形止卽爲馳告宜當向事

傳令　平日生日兩島大小民人等處　壬辰八月二十一日

無他卽因汝矣等所訴　圖署牌飭于營邑鎭
諸般爲弊之端一一矯捄使之勿侵矣汝矣等各
項知悉安堵樂業是遣經理營所納加沙里稅錢

---

39 【欄外】上同

依折爾島例永爲勿施矣自今以後各其從便買
賣俾無都穀抑買之弊爲旀宮納屯稅錢及
屯都監所給羅家稅一依下往宮監申飭速速收納
無至延拖抵罪之地宜當向事

驪州三公兄處 壬辰八月二十三日 條牌子
無他宮屬陰竹屯收稅租及
水剌春精白米各項貿穀今將船運上納而所謂船都
中將至罷散之境不可不執船裝載故玆以牌飭爲
去乎到卽依宮差所告發送將差執捉完固船隻以
爲及時裝納之地是矣如或不知宮納所重漫漶遲
滯之弊則汝矣等斷當上使嚴處矣惕念擧行宜當

傳令 安眠島五里作人等處 條牌子 同日
無他宮屬本島五里田畓收稅次宮監下送爲去乎到
卽依昨年例一一收納無至遲滯晚時之弊爲旀
同田畓量案成出下送自今以後每三年一次更加
查正俾無私墾冒耕之地宜當向事

傳令 驪州欣岩舍音李景順及洞頭民等處 同日
無他宮屬陰竹屯收稅租及
水剌白米各項貿穀裝載船隻依再昨年例自汝矣
洞中等待是矣若或有違越之弊則汝矣等斷當
捉上別般嚴處矣惕念擧行無至晚時氷泊之地宜

當向事

慶尙監營營吏處[40]

無他道內晋州舊海倉浦口主人卽本宮給準

價買得以爲　內拱饌需之資其所愼重與它逈

別而今至五六年毫無生弊矣不意今者前浦

主人泗川居趙庸瓚暗生還退之計無端搆誣

屢至呈訴云究厥心腸極爲不淑訖除良且泗川

中置村卽本浦相望之地也而前後數百年素無

商船來泊處矣右庸瓚與金和瑞等互相符同

創設新浦云出沒商船任意收稅則本浦自等

難支不可不革新浦而懲其罪乙仍于

啓稟後玆以圖署牌飭爲去乎到卽趙金兩漢

發甘該邑移囚晋州鎭嚴懲惡習以杜後弊

爲旀且場船口文段置其亦本浦主人例已收捧

者又有中間沮戱云一體發甘依已例收刷是遣

擧行形止先卽馳報向事

晋州鎭營營吏處　同日

無他府內舊海倉浦口主人自本宮買得使之擧行

以爲　內拱饌需之資矣其所愼重與他逈別而就

中場船口文此亦本浦主人依例收捧者所謂場船主人

40 【追記】壬辰九月　日 / 圖署牌旨

金弘瑞爲名漢稱以顧護聚商沮戱人之生業締結營
邑至於呈訴紛拏之境這間所費緣此不可云究厥
所諭誠甚痛歎乙仍于　啓稟後玆以圖署牌子
爲去乎到卽金漢先爲捉囚嚴繩是遣所費錢這這
推給本浦主人爲旀擧行形止馳報向事

丹陽三公兄處　壬辰九月二十四日　條牌子
無他本宮畓土在於本郡三谷面而該面居張班定舍音
多年擧行矣不意今者同面居林先達爲名漢謂
有差出文蹟東西稱托恐喝舍音各人賭租渠自
收捧云所謂林漢未知何許無據而乃生不測之心放
藉於不放之地做出無根之言臆奪多年之舍音
究厥所爲萬萬駭歎到卽林漢發猛差捉來這
間委折嚴加盤覈後仍爲枷囚昭詳馳報以爲從
重懲創之地宜當向事

傳令　陰竹屯下往宮差及納稅作人等處　壬辰九月卄六日
無他本屯未收稅租及賭租今以代錢捧上是如乎作
人輩依宮監指揮一一來納于屯所無至遲滯晩時
之地是矣如或不納于此所稱相與受于監官之弊是
去等該作人爲先捉致屯庭杖囚督捧爲旀或有頑拒
之漢宮差眼同捉上本宮以爲別般措處之地是矣
宮差輩拘於顔私有所操縱之弊則亦難免重
罪矣各須知悉惕念擧行宜當向事

傳令　平日生日兩島民人等處　壬辰九月十二日

無他今夏釐弊完文與宮差下送之後自本宮更以李桂俊下送島民事情使之暗行廉探無乃其下去後露出姓名出入島鎭隱然以鄕監自處之說狼藉入聞故以其不遵宮飭恣行處斷之地萬萬痛駭有所令飭于巨文鎭使之捉囚懲勵者也及聞其上來所告則當場事機不如是則不得鎭壓民情所以有此擧措云原其事情亦可有參量之道故玆以牌飭爲去乎汝矣等各須知悉爲於上京島民蔡基仲吳泰謙等留京食債雜費旣以秋間停退云此亦一一備給俾無遲滯晩時之地宜當向事

全羅監營營吏處　壬辰九月十二日

無他今春良中以宮屬三島鎭露兒島假托稅租勿施事曾有所本宮牌旨與政府題辭下送者是去乙今聞自汝矣營門其飭該鎭以結排錢考卜債等名色出秩督捧云聞不勝駭然該島則只有本宮內需司收稅而已旣無營邑所納結稅是去乙豈可以結排考卜無端侵責乎事之無據莫此爲甚乙仍于入　稟後玆以圖署牌飭爲去乎到卽上項無名雜稅一切勿侵是矣如或已爲捧納是良置卽爲還給該島俾無如前橫徵之弊是遣擧行形止卽爲馳告宜當

長湍三公兄處　壬辰九月十八日

無他宮屬本府月峯山所在柴場所收柴木卽各項　內用擧行之需也每因執船之遲滯以致上納之晩時故玆以牌飭爲去

乎到卽別定將差執捉完固船隻星火裝載風高前盡數上納
之地宜當向事

林己先處　壬辰十月初五日

無他本宮順天南海屯稅米裝載船隻沙工以汝矣身差
定爲去乎載運上納等節着實擧行爲旀所經各邑鎭堡
良中如或有執船侵漁之弊是去等馳告本宮以爲別般嚴處之
地宜當向事

傳令　平日生日兩島大小民人等處　同日

無他兩島釐弊節目旣已下送兩島中事不可無看檢之人
故玆以別定派員兩島大小諸事使之專管是如乎各須知悉
一依節目永久遵行爲旀屯稅錢與羅家稅趁卽收納于屯所
俾無遲滯晩時之弊宜當向事

巨文島首鎭吏處　同日

無他平日生日兩島旣已還屬本鎭矯捄弊瘼島中事不
可無看檢之人故別定派員吳赫善下送兩島事使之專管
矣汝矣鎭所差尊位名色卽爲勿施鎭屬輩出入島中之
弊各別禁斷爲旀本鎭元納錢一千三百兩及戶籍單債
外各項雜役一切勿侵以爲島民安堵之地宜當向事

通津三公兄處　壬辰十月初九日

無他宮屬本府所在柴場所收柴木卽　內用各項餠食所

需也所重與他逈別而今方裝載運納次別定宮差下送爲去乎
到卽發遣將差執捉完固船隻不日裝載上送以爲氷泊前
及時入用之地是矣如或有漫漶不謹之弊則斷當有別般
嚴處之擧矣惕念擧行宜當向事

英陽三公兄處 壬辰十日十九日

無他本宮庄土稅納監官以金大榮差出擧行已有年所
無聞卽本縣李鍾文爲名漢有何所囑是喩自本官
宮庄稅納報營收捧云莫重宮稅何關於營邑乎非徒
駭然官亦不知此意之所係而然擧行刑吏因當上使嚴處
是矣姑觀來頭玆以牌飭爲去乎其作奸之李鍾文嚴囚報
來是矣捧稅一款出給該監是遣擧行形止星火馳報宜當

金海三公兄處 壬辰十一日初六日

無他宮屬本府所在蘆田丁亥戊子兩年條稅錢督納次己丑
秋下送宮差矣自本府謂以丁亥條入於巡營都聚中是如
只以戊子條出給上納而丁亥條都聚云者未知其眞僞方將查
押之際辛卯正月又有以戊子條一百九十八兩四戔八分來納者而戊子條
旣已下送宮差收納故以丁亥條未納中先捧之意措語出尺下送
零在條迄未歸正矣今見汝矣所告則戊子條一百九十八兩四戔八分
以疊納如辭果如所告則自宮先捧錢當移送戶曹矣丁亥條
未納稅錢自本府查出不日上納俾無漫漶遲滯之弊是矣形止
爲先馳告以爲憑處之地爲旀且辛卯條稅錢月當已過于今延拖
該色所爲尤極駭然一體申飭趁卽上納無至抵罪之地宜當

姜永得處　壬辰十一月初日

無他宮屬豊川環館坪所在田畓監官盧圖洙除下代以汝矣身差定爲去乎勤耕收稅等節着實舉行俾無不謹之弊宜當

傳令　平日生日兩島派員　壬辰十一月二十五日

無他兩島移籍以前曾有早藿桑寄生進排於長興邑之例而今自該邑謂以兩島今旣屬鎭桑藿使巨文鎭封　進之意報宮故早藿一款旣有藿田云爾則係是土産使巨文鎭封　進至於桑寄生本非島産只有桑保軍而今旣移籍軍亦勿侵之意題給矣自今爲始早藿段一依長興時例趁月當準數採納于該鎭以爲及期封　進之地是遣早藿數爻及月當爲先馳告于本宮宜當向事

巨文島首鎭吏處　同日

無他平生兩島移籍于本鎭之前曾有早藿桑寄生進排於長興邑之例而今自該邑謂以兩島今旣屬鎭桑藿使巨文鎭封　進之意報宮故早藿一款旣有藿田云爾則係是土産使巨文鎭封　進至於桑寄生本非島産只有桑保軍而今旣移籍軍亦勿侵之意題給是如乎今月本宮申飭該島早藿例長興時例使之趁月當準數採納于本鎭矣自今爲始自汝矣鎭長陳省封　進是矣早藿採納之際如或稱之以情費名色討索于島民之弊則汝矣等斷當別般嚴處矣惕念舉行宜當

傳令　南漢摠攝處　壬辰十二月初三日

無他江原道高城金剛山神溪寺卽本宮祝釐之　願堂也所重
與他自別而挽近以來南北漢摠攝輩稱以寺刹修補勸善文下送
數百兩錢收去者每年爲四五次便成前例該寺未免難保之境
矣今自南漢摠攝處下送僧徒該寺僧德山常運性潭三僧處
摠攝敎旨塡姓名下送每張價錢一百五十兩無斷勒徵豈有
如許挾雜之僧習乎此若仍置則來頭弊端不知至於何境侜
除良僧徒渙散莫重　願堂守護無人乙仍于玆以令飭爲去乎
本寺下送敎旨三張卽爲還收勸善名色更勿侵漁是矣如是
申飭之後如或復踵前習之弊則汝矣身斷當別般嚴處矣惕念
擧行俾無漫漶抵罪之地宜當向事

傳令　高城金剛山神溪寺諸僧等處　同日

無他卽見汝矣等所報則南漢摠攝之下送官敎勒捧價錢者
不勝萬萬痛駭本寺卽　願堂香火所奉之地也所重果何如
而有此挾雜輩之侵漁作弊乎今自本宮牌飭于南漢摠攝
處還收官敎使之勿侵是如乎自今以後勿論某處或有勸善
文空名帖等名色下送討索之弊是去等卽爲馳告本宮以爲捉
上嚴處之地是遣以此傳令揭付壁上以爲節目遵行之地宜當

巨文島首鎭吏處　壬辰十二月二十一日

無他平生兩島移屬本鎭之後鎭納繇役錢外所謂門樓助役等
各項雜役勿侵之意自本宮　啓稟牌飭不啻申複而今聞自汝矣鎭
依舊侵漁比前尤甚星火督捧云聞不勝萬萬駭然若有一分嚴
畏之心豈至此境乎事之無嚴莫此爲甚固當別般嚴處是矣

十分參酌玆更牌飭爲去乎兩島繇役錢一千三百兩以春秋分等
持納之意亦已　啓稟蒙　允自政府成節目行無矣此外
雜役名色一幷勿施是矣如是申飭之後或有復踵前習之弊
則非但汝矣等嚴處𢱿除良不飭之責亦有所歸矣除尋常
惕念擧行後形止馳告以爲憑處之地宜當向事

平安監營營吏處　壬辰十二月二十三日
無他宮屬載寧信川等地所在田畓秋收租包使載寧海倉監
官金周鉉作錢上納矣今聞其所告則同租價錢出給於營下
居任之煥使之執換上送而任之煥趁不納上拖至于今豈有如許
無嚴之漢乎玆以牌飭爲去乎到卽任漢捉致營庭同租價
錢三萬二千兩星火督捧出給于金周鉉以爲不日換上之地是矣若
或有漫漶遲滯之弊則汝矣等亦當別般嚴處矣惕念擧行宜當

英陽三公兄處　條牌旨　壬辰十二月初八日
無他向以本縣泉谷監官金大榮事已有所牌飭而尙無來
報是何道理乎擧行首吏卽地指名馳報以爲上使嚴治
之地爲旀李鍾文段眼同押上而秋收穀包刻期還送于金大榮
處俾無漫漶之弊是矣一向頑拒復踵前習責有所歸矣知
悉惕念擧行形止星火馳報宜當向事

英陽三公兄處　壬辰十二月廿九日
無他本宮庄土在於本邑靑二面杏下洞而本邑居李宗文爲名漢
謀奪監官自下作奸無所不至已有所牌飭矣今聞自本邑

稱有作人等訴報于本營至有捉囚該監官金洪九云豈有
如許經庭之事乎此都出於李宗文之誣訴沮戲之計也此不
可尋常置之玆以牌飭爲去乎到卽監官金洪九卽爲放送嚴治
李宗文以繩其無嚴之習是遣擧行形止卽爲馳告宜當向事

慶尙監營營吏處　壬辰十二月卄九日
無他本宮庄土在於道內英陽地而該邑居李宗文爲名漢謀奪
監官自下作奸無所不至已有所牌飭於該邑矣今聞自本官
稱有作人等訴報于本營至有捉囚該監官金洪九云豈有如許
經庭之事乎此都出於李宗文之誣訴沮戲宮庄之計也此不可尋
常置之玆以牌飭爲去乎到卽另飭該邑監官金洪九卽爲放送
嚴治李宗文以繩其無嚴之習是遣擧行形止卽爲馳告宜當向事

1893년(계사)

巨文島首鎭吏處　癸巳正月十七日
無他平生島之還付本鎭寔出於護念島民之意也各樣釐
弊載在節目屢度提飭不啻申複而鎭屬輩自下簸弄不
體顧恤之意惟以誅求爲事長興府已納之公錢侵虐兩島公
然疊徵生日島排定之煙價慫恿愚氓無端議送刓除良
三手結作砲粮米依本鎭稅米代錢例捧納之意亦載於節目
而乃於開倉之前以本色米虛張名目出秩督捧只以門樓助役四
營主人役價等雜役名色依舊侵責將羅拘生一島騷然鷄狗

不寧民皆荷擔若此不已則兩島必至空墟乃已焉在其當初矯
捄之本意哉言念及此不覺寒之心此等無嚴之類不可尋常
處之故爲先牌飭兵營該色吏捉上嚴處是如乎上項諸條幷
依節目遵行是矣如是申飭之後如或復踵前習則汝矣等
之上使刑配更無可言而不飭之責亦有攸歸矣除尋常惕念
擧行爲旀以早藿桑寄生年歲前曾有所牌飭是在果
桑保軍則使之勿侵於兩島而早藿一款該島旣有藿
田云爾則依長興時例趁月當準數採納于本本鎭之意亦已
申飭於該島矣自汝矣鎭具陳省封　進是矣早藿
採納之際如或以情費名色侵責島民則汝矣等亦難容
貸矣一體知悉擧行後形止馳告宜當向事

長興三公兄處　癸巳正月十七日

無他生平兩島旣已還付巨文鎭與汝矣邑無相關涉是
去乙乃以掊克之餘習期欲甘心於兩島以加沙里稅錢事謂有
經理營關飭及巡營甘結是如督責兩島云大抵加沙里一款
移報經理營依折爾島例永爲勿施而今忽以此欲爲嘗試侵
頉之計至此更鬧究厥所爲萬萬痛駭事當別般嚴處是矣
十分安徐玆以牌飭爲去乎若或以此等有更爲侵責於兩
島有所入關則該色吏斷當上使照律刑配矣知悉惕
念無至抵罪之地宜當向事

全羅兵營營吏處　癸巳正月十七日

無他平生兩島之還屬巨文鎭寔出於願護島民之意而

自該鎭不思體恤惟事侵虐一島騷然民皆荷擔此若仍置
則來頭弊端必至空島乃已故玆以牌飭爲去乎到卽出送持罪
該鎭吏捉上營庭照律嚴處以杜後弊是遣無論某邑
鎭校吏輩或有作弊於兩島者是去等一依本島派員
所報別般措處俾島民奠接之地宜當向事

陰竹三公兄處　癸巳正月廿三日
無他宮屬本縣長院屯稅租收捧之際未收零在條則每以
代錢從時價捧納者而昨秋收稅錢使屯監官李秉璿執換
上送矣無難犯用全數乾沒八千四百兩錢歸之烏有至于
今延拖不納豈有如許無嚴之漢乎該監官爲先除汰捉
上宮庭照律嚴處是在果莫重上納錢不可不排族了勘故
玆以牌飭宮差下送爲去乎到卽同上納錢八千四百兩依後錄一一
分排徵捧于李秉璿之强近諸族俾無公錢白失之弊是矣
如或有稱托頑拒者是去等捉致官庭嚴治督捧無至漫漶
遲滯之地爲於鄭弘日段居在安城地云自本邑文移安城
郡捉囚本邑一體徵捧是遣擧行形止卽爲馳告宜當向事

後錄	李奎會	五百兩	李致瑞	五百兩
	李貞會	二百兩	李雲會	四百兩
	李雨會	三百兩	李允會	三百兩
	李知成	二百兩	尹文明	三千兩
	鄭弘日	三千兩		

忠州三公兄處　癸巳正月廿三日　圖署

無他宮屬本邑元結免稅米挽近以來多違月當延拖
不納以致宮用之窘絀揆以法紀萬萬駭然今年段別定
宮差下送爲去乎到卽執捉完固船隻壬辰條一百五十結
稅米不日裝載星火上送是矣若或有如前遲滯之弊
則汝矣等斷當別般嚴處矣除尋常惕念擧行宜當

梁山蘆場監官鄭止處　癸巳正廿八日

無他蘆稅上納自有月當是去乙挽近以來汝矣身擧行慢
忽多有越當延拖之弊至於辛卯條上納于今愆滯之狀萬萬
痛駭事當別般嚴處是矣十分安徐玆以牌飭爲去乎
到卽同上納錢罔夜來納無至如前遲滯之弊是遣壬辰
條上納段置月當在邇一體上納是矣如或復踵前習則
斷當捉上嚴繩矣惕念擧行俾無罪上添罪之地宜當向事

傳令船都中所任處

無他宮屬陰竹屯昨年秋收穀因晩時氷塞積峙於
驪州欣巖地矣見今春開氷解可以行船故裝載上納
次玆以宮差下送爲去乎到卽自汝矣都中準備完固
船隻不日等待于欣巖江邊以爲及時運納之地是矣
如或有漫漶遲滯之弊則當有別般措處矣以此知
悉惕念擧行宜當向事

差帖　林枝鳳　癸巳正月　日

右帖爲本宮安岳安谷坊全坪監官以汝矣身差定爲去乎

近聞作人輩垌役與儲水之不勤擧行至於全陳之境事甚痛駭

自今以後刻別申飭毋至不勤擧行抵罪之地宜當向事

용동궁공사책 제2책

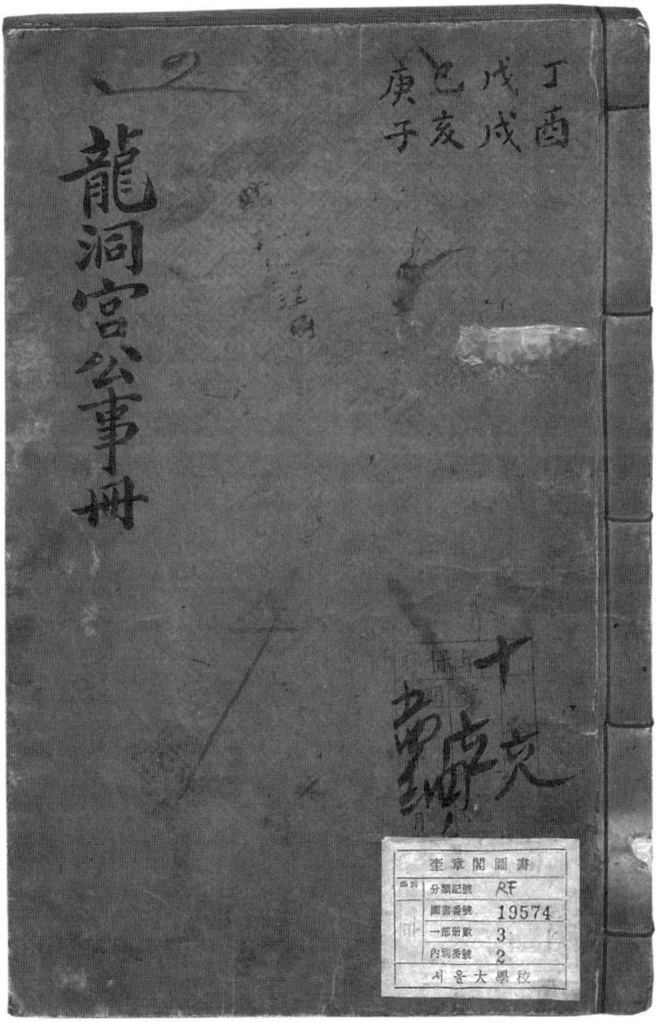
2
丁酉
戊戌
己亥
庚子
龍洞宮公事冊
奎章閣圖書
分類記號 RF
圖書番號 19574
一部冊數 3
內別番號 2
서울大學校

1897년(정유)

丁酉正月　日　三登祥原題辭

莫重稅納何可除減乎特念情狀甲午條四分一蠲減是遣乙丙兩年條依前准數上納向事

丁酉正月二十四日　手本　宮內府

右手本爲宮屬安岳安谷文山坊所在庄土本以薄畓見今起耕者無過五六結而一自陞摠以後本郡不開陳起一體督稅則非但宮納歸于虛地敆除良夥多結錢無奈辦出之意已爲手本于　本府承以時起結一一摘奸擧實論報于　度支部事訓令該郡矣該郡之從實摘奸以時起結七結五十負五束報于度支部是乎所姑未蒙以實結陞摠之處分而今自本郡甲乙丙三年條不論陳起一體辦納之意杖囚舍音是乎則豈有如許悶迫之事乎玆以據實手本爲去乎府以訓令于該郡以時起結從實陞摠俾無白徵之地爲只爲

同日　傳令　水原　龍珠寺主持僧處

護聖殿位土在於水原振威龍仁三邑等地而每年六次祭享之所重與他自別是去乙近來人心不古各處作人輩之簸弄作弊聞甚駭然而實因舍音之不

勤擧行之故也今自本宮別定三處舍音以送

爲去乎汝矣等自今以後秋收捧納等節着實擧行

無至生梗抵罪之地宜當向事

同日　差帖　嚴忠植

無他水原所在　龍珠寺田畓舍音以汝矣身差定

爲去乎秋收上納等節着實擧行向事

長足　光敎　上柳川　南部川邊　空石　花山洞

古索里　已上場內

龍化　古西門　烏川　三峰里　水理坪　月谷

貞松　葛潭　種德里　柳川　已上場內

同日　差帖　康永祚

無他振威所在　龍珠寺田畓舍音以汝矣身差

定爲去乎秋收上納等節着實擧行向事

野幕東　一北　二北　古頭　城南

西　金巖　深橋　一呑　二呑

撫花亭　渡頭里　若莫里

丁酉正月二十六日　差帖　李千山

無他宮屬纛島菜田舍音以汝矣身差定爲去乎

諸般等節着實擧行無至抵罪之地宜當向事

丁酉正月　日　三登　祥原　再次題辭

甲午稅納段因無據秋穫無餘云顧念民情容式
必然特爲全減是遣乙丙兩年亦因此而耕作之民渙散
不聚陳荒夥多云特蠲半稅向事

丁酉二月初五日　手本宮內府

右手本爲水原龍珠寺住持僧所告內本寺
護聖殿修護年久椽木朽絶墻垣頹圮東西南三門幾至
傾覆之境是乎旀蘆簾遮日菼拜席與　祭享時應
用之物永爲破無是如乎所自本宮一一籌蹟合錢爲
七百七十八兩故玆以手本爲去乎　府以訓令于水原
府右錢使之出給于住持僧處依前例擧行之地爲只爲

丁酉二月初六日　手本宮內府

右手本爲本宮屬忠淸道舒川開也召島田畓稅錢四百
二十兩乙未丙申兩年條合爲八百四十兩無端愆滯于今所納
之狀萬萬痛駭玆以據實手本爲去乎　府以訓令于
該郡右項兩年條稅錢趁卽上納以爲及時應用之地爲只
爲

丁酉二月初十日　順天火粟事所志于度支部

右謹陳所志矣段本宮納順天火粟甲午條稅錢未納事
已訴于　本部蒙題與訓令卽付該郡矣該郡吏屬輩
萌出沮戱之心謂以此稅錢慮有度支部更督不無携
貳之端是如頑拒不納旣有訓令之下豈有如此無嚴

之習乎玆敢據實仰訴爲白去乎　參商是後更爲訓令
于該郡無弊上納之地千萬望良爲白只爲

丁酉二月十六日　手本　宮內府

右手本爲本宮屬慶尙道南海錦山屯甲午乙未丙申
三年條出稅餘在米推尋次已爲報告于　本府訓令
卽付該郡矣該郡與屯監所報內陞摠以後穀數雖減
出稅餘米逐年依例上納是乎乃今於作人輩之沮戲
頑拒尙未上納極爲惶悚是乎中金泰甫李德三朴德日
三漢尤中作梗說有願出者因托三漢之作梗無端不納
是如乎則如此無法之徒不可尋常置之故玆以據實
手本爲去乎　府以訓令于晋州觀察府使該郡
以懲治違越事體又爲訓令于南海郡右三漢爲先捉囚
嚴繩毋敢復踵前習而三年條積置米使之趁卽
上納之地爲只爲

丁酉二月卄三日　手本　宮內府　再次

右手本爲本宮屬黃海道載寧來臨所庄土庚辰年買
置以後已多年無弊上納矣忽於昨秋康穆永宋啓
宗李啓河尹贊亨等四漢稱以中賭地主人誣告觀察
府秋收穀包中一百七十餘石出給於四漢事題付則觀
察府節制不得違越之下該監官焉敢拒納乎此
1 漢等之構揑虛誣無端生頉事甚痛駭故已爲報告
于　本府訓令卽時觀察府與該郡矣此等四漢一

向頑拒所取穀包終不出給於該監官故不勝痛駭玆

更據實手本爲去乎　府以更訓于觀察府減法

四漢卽爲上使捉囚嚴治後所去穀包使卽出給於監官羅

景默處俾完宮納之地爲只爲

丁酉二月晦日　金德哉處

無他金海梁山兩邑蘆田監官以汝矣身

差定爲去乎以今年爲始收稅上納等節着實

擧行無至抵罪之地宜當向事

金海蘆田一百結二十二負二束

稅錢文三百二十六兩三戔

梁山蘆田八十結二十八負

稅錢文二百六十兩一錢八卜

丁酉四月初一日　金海三公兄處

無他本宮蘆庄收稅上納等節挽近以來每

多愆滯甚至過當不納之境事甚駭歎今日

本宮別定監官守護上納等節使之擧行爲

去乎以此知悉是遣或有樵夫輩之犯斫之弊

1　【欄外】丁酉三月十六日　手本　宮內府 / 右手本爲宮屬忠淸道舒川開也召島田畓七結七十九負四束稅錢每年四百二十兩乙未 / 丙申兩年條合爲八百四十兩無端不納故已爲手本于　本府同訓令下送宮監 / 矣該郡所報內右錢將督捧於作人等處上納計料云卽踰日度日全事遷 / 延軟無督刷意是乎則該郡愆滯上納事體所在萬萬駭然㐌除良有此嚴令之下視 / 若尋常實非道理是乎旀又或近者人心不古該島作民輩亦不無憑藉陞摠頑拒 / 宮納之弊故玆以手本爲去乎　府以措辭更訓于該郡以懲其漫漶之習是遣設有作人輩 / 拒納之弊這這懲治不日督納卽爲出給于宮監處俾完宮納之地爲只爲

一一嚴飭懲治宜當向事

同日　梁山三公兄處

上同

丁酉三月三十日

2 黃州靑龍浦舊文記十一張新文記一張宮圖署三張
新牌旨一張幷送于權谷崔宗默家

崔處生處

無他今見慶尚道金海郡報告則本宮蘆
庄收稅錢辛卯壬辰癸巳三年條稅錢合九百七十
八兩八戔果又見梁山郡報告則本宮蘆庄稅
納中五十五兩二戔三卜合一千三十四兩一戔三卜汝矣
身幷爲上納次抵去云而有何緣由擅自推去是
遣旣爲推去則何不趁卽來納是遣拖至于今
尙無消息莫重宮納如是中間慫滯豈有
如許萬萬無據之習乎事當嚴處是矣十
分參酌玆以牌飭爲去乎星火來納無至生
梗之地宜當向事

四月　日　宮內府手本

---

2 【欄外】丁酉四月卄三 / 日還納置 / 于宮中

右手本爲水原龍珠寺　護聖殿修護與

3 祭享時應用之具改備事已爲手本是乎㫆自

本府訓令于水原府該府之一一籌摘者

合錢爲四百十八兩故玆更手本爲去乎府以訓

飭于該府修護與祭享時應用具自該府

依後錄使之斯速擧行之地爲只爲

四月　日　手本

右手本爲宮屬金海梁山蘆田元稅及舊

加稅本自該邑上納矣挽近以來上納之節

惟事愆滯以致多年闕納揆以事體萬駭然

此若不別般措處卽後弊難防者玆以手本爲

去乎府以各其訓令于金海梁山自今以後蘆

田看檢與上納等節專委於監官金德哉

使之着實擧行之地爲只爲

四月十一日　舒川所志題辭

汝矣等之情勢似或固然不無顧念依所訴

許施是遣乙丙兩年未收上納今六月內來

納向事

---

3 【欄外】後 / 退地衣三間縇木 / 價十兩 / 補簷遮日布十五 / 疋價七十五兩 / 㐌所入生庥價十五兩 / 亂簾十二浮價 / 六十兩 / 牧丹屛二坐修補 / 所入二十兩 / 雨傘二柄價八兩 / 燈籠衣一雙價 / 三十兩 / 墻垣十二間一百 / 二十兩 / 瓦子一訥價八十兩

丁酉四月十一日　傳令舒川開也召島頭民等處

無他本島稅錢已有導掌名目句檢上納矣挽近多年

愆納頉除良卽見汝矣等所訴則陞摠以後島民情狀亦容

或無怪故從今以後每年稅錢一百八十六兩自汝矣島中

使之卽納于本宮以捄島弊是矣月當段每年十月

內上納無至違越抵罪之地宜當向事

4　丁酉四月二十日

賜饌二十七器皿　內下

丁酉六月十四日

右手本爲宮屬南陽江主人卽收刷乾口文於各船主人處

魚鮮等節隨時　進上屢十年未嘗有欠缺之弊矣

甲午年分因於悖類之中間作孼渾入於無名雜稅革

罷之中是乎則此稅本非無名乃是成劵買置元元定

稅者而昧入於雜稅魚鮮上納多年闕　供事甚駭然故玆以據

實手本爲去乎　府以文移于農商工部各船人往

來處乾口文依前收捧之意嚴截訓令于南陽江

船都中處使之依舊上納之地爲只爲

丁酉六月二十日　手本

右手本爲宮屬慶尙道南海錦山屯土八十五結每結支定米

4 【欄外】堂上大監 / 分付內守 / 宮內人一人 / 加差下事 / 今承處分 / 耳 / 丁酉五月 / 廿九日

四十六斗式甲午乙未丙申三年條推尋次已告　本府同宮
監卽付訓令于該郡以代錢另妥收捧之際忽有金昌鉉爲
名漢又持　本府訓令一度稱以宮內府監官而作梗紛拏故
自該郡詳查兩度訓令後以龍洞宮監所付訓令使之施行而
數月收捧爲二千兩也不意金漢連生不測之心玆圖本府訓
令到付該郡方在携貳生梗之端而該郡則贋眞相蒙
虛實未辨返欲推給于金漢卽本宮上納將至烏有
之境大抵金哥不知何漢而必以挾雜之類圖得僞造
訓令白地作梗者也豈有如許無嚴無據之事乎聞不勝
痛駭玆以據實手本爲去乎府以嚴截措辭訓令于該
郡爲先金漢逐出境外是遣米代錢段不日督刷出給于
龍洞宮監鄭鍾完俾完宮納之地爲只爲

丁酉九月初四日　宮內府手本

右手本爲宮屬瓮津漁化島龍威等島卽春秋兩等
石花醢上納之地也係是　內入饌需所重與他逈別
是去乙該作人輩稱以各樣上納各皆勿施是如石花
醢趁不收納至於丙申丁酉兩年條拖至于今此不可
卽常置之玆據實手本爲去乎　府以訓令于該
郡使之嚴飭傳令于各島頭民等處石花醢不
日收納俾無闕供之地爲只爲

同日

右手本爲宮屬甕津漁花島所在田畓秋收次

今以宮監下送爲去乎作民中或有頑拒之弊是乎則

府以訓令于該郡使之嚴飭傳令于頭民處俾

無宮納遲滯之地爲只爲

丁酉九月　日

右手本爲本宮庄土在於黃海道載寧餘勿坪之

地而己卯丙戌兩次漲水時浦落之畓爲六十五斗落支

定租欠縮爲五十餘石是乎所內築堰垌後浦落餘

地自宮植蘆已爲數十年而忽於今者本坪居林丙

植金晃五趙召史等三人自稱中畓主無端起鬧

自宮植蘆處欲爲冒占聞不勝痛駭渠輩雖以

明禮宮壽進毓祥三宮之還給

丁酉九月　日　通津浦內里都山直與洞頭民等處

無他宮屬本郡所在柴場所收柴木二千六百五十同自宮逐年

給刈取雇價而收穫矣至於昨年作錢例的定上納者故今

玆下送宮差爲去乎到卽以此意申飭于各作人等處

無至紛挐之弊爲旀隨所捧趁卽上納之地宜當

同月　手本　宮內府

右手本爲宮屬瓮津漁火龍威等島春秋兩等上納石

石醢卽　內入饌需進供而其所重與它逈別是去

乙該作人輩稱以各樣上納今皆陞摠是如丙申丁酉兩年

條石火醢拖至于今終不上納此不可尋常置之乙仍于

玆以據實手本爲去乎　府以訓令于該郡使之嚴飭
傳令于各島作人等處不日督納無至　闕供之地爲只爲

同月　手本　宮內府

右手本爲本宮庄土在於黃海道載寧餘勿坪之地而己
卯丙戌兩次漲水時浦落之畓爲六十五斗落支定租欠縮
爲五十餘石是乎所內築堰垌後浦落餘地自宮植蘆已爲
十數年而忽於今者本坪居林丙植金冕五趙召史等三
人自稱中畓主無端起鬧自宮植蘆處欲爲冒占聞不勝
痛駭渠輩雖以明禮壽進毓祥三宮之還給蘆庄爲口實
而本宮則與此有異蓋三宮之庄卽江邊泥生處民自植
蘆者而中間付屬於三宮則還爲出給可也至於本宮宮畓之
浦落處宮自植蘆者則有何所關於渠輩有此駭忘之擧
乎此都是近日亂民輩作拏嘗試之端也玆敢據實手本
爲去乎　府以訓令于海州府轉飭該郡上項三漢捉囚嚴
懲以杜後弊是遣蘆庄則依前歸之本宮句管爲只爲

水原龍仁振威三公兄處

無他水原龍珠寺卽
護聖殿六次　祭享擧行之所也其位土在於本郡而係重與他
迥別挽近該作人輩視以僧徒私畓幻弄隱匿收捧不實將
至無土之境故已自本宮別定舍音使之幹檢今又以秋收次
特派宮監下送爲去乎到卽告官持此辭意申嚴令飭于
該作人處打賭間到底精實無或踵前是矣若是之後

如有不遵先囚本郡罪報本宮以爲嚴治之地宜當向事

傳令　龍珠寺住持僧處

水原龍仁振威等地所在

護聖殿位土自宮新定舍音與別定宮監下送看秋事

汝矣等之已所聞知者也今玆派送須與該監一一逐廛

査櫛俾無作人輩奸弄之弊是遣到底精實收捧

以爲奉供之地宜當

傳令　神溪寺住持僧處

無他汝矣本寺卽

顯隆園願堂亦爲

哲宗大工爲祝之寺則與他寺刹逈別而近聞無賴雜類無難

出入酗酒作弊村閭樵夫輩亂入禁地斫伐楡木云聞甚

極爲痛駭如此亂類一一禁斷若有如前犯科者卽

爲馳告本宮無至抵罪之地宜當者

丁酉十月　日傳令陰竹監官李秉善處

無他今番未收租十五石星火督捧積置屯所後卽爲馳報

丁酉十月　日　手本宮內府

右手本爲本宮屯土在於京畿道陰竹長院等地而數百年以來

依例秋收者矣至於今秋作人輩藉托元結陞摠頑拒不納以渠

輩論之甲午以各結雖陞摠秋穫依例自宮句管結錢亦是自

宮擔當移送度支部而已陞摠一款有何相關渠作人輩
乎此必是無賴輩不知事理如許但聞陞摠之說欲爲起鬧
頑拒以防宮納者也豈有如許無嚴無法之徒漢乎不勝痛駭
玆以據實手本爲去乎　府以訓令于該郡使之嚴飭于
作人等處無至宮納遲滯之地爲只爲

丁酉十月　日　手本宮內府

右手本爲本宮庄土在於慶尙道昌原之地而每負二斗式收捧上納
者已至幾百年矣自甲午陞摠以後愚蠢之氓只納度支結錢
之外不思宮納之所重元來此庄比於民畓半作猶爲倍輕也噫彼作
民等謂以宮納自稱革罷落落無意食人之土而半分之例終不準
納豈有如許蔑法之類乎聞甚駭然玆以據實手本爲去乎
府以訓令于該郡使之嚴飭于作民等處無敢如前拒納俾完
納之地爲只爲

丁酉十月　日　手本　宮內府

右手本爲宮屬甕津漁化島所在田畓秋收次下送宮監爲去乎近
者人心不古作民輩或不無頑拒之弊故玆以手本爲去乎　府以
訓飭于該郡使作民等不敢有携貳作鬧之端俾無宮納遲滯
之地爲只爲

丁酉十一月　日傳令陰竹監官李秉善處

無他今番抄出得伊名下隱結三結五十負八束未納正租完十四石
六斗五升五合四勺到成冊卽其時星火督捧是遣上納中未納租

十五石幷爲卽納于本宮無至遲緩抵罪之地宜當

丁酉十一月　日　信川所志題辭

本宮正稅不可擅蔵至於情費與徭役段納稅度支
陞摠而該導掌之呼訴事旣固然此兩件情役特爲
蠲除向事

丁酉十二月　日　手本宮內府

右手本本宮庄土在於慶尙道昌原之地而多年無弊收稅
上納矣今年十月分收稅次蒙帶　本府訓令派送京監
矣作人等皆欲依例應納而獨李權柄金哲玉李士允等
敢生不測之心沖動作民逼迫京監捧稅一款已無擧論
5 毟除良京監返爲避身圖命境豈有如許頑悖亂民
乎此若不懲治將不知至於何境故玆以手本爲去乎
府以訓飭于該郡右作鬧三漢一幷上使嚴治以懲悖
習是遣宮納段依舊準捧無至遲緩之弊爲只爲

丁酉十二月　日　手本宮內府

右手本爲宮屬黃海道安岳蘆田自宮每年派送京監
收稅上納矣至於今年名不知廉哥鄭哥兩人自稱
宮內府主事謂以今年蘆稅盡係於　本府是如五
六月間作伕捧稅錢還徵督納作梗莫甚豈有如許無據

---

5 【欄外】丁酉十二月 / 十六日 / 府大夫人 / 薨當日 / 問安 / 十九日成服 / 問安

悶迫之事乎不勝駭然兹以據實手本爲乎
6 府以訓令于觀察府與本郡右作鬧兩漢逐出境外以懲
其無據之習而永杜後弊之地爲只爲

丁酉十二月　日　高城郡首書記處

無他本郡所在新溪寺卽
顯隆園願堂亦爲
哲宗大王爲祝之所則與他寺逈別而本寺僧大昕漢本
寺　祭享需八百四十三兩五戔四卜偸食退僞云如此亂類
不可尋常治之乙仍于卽爲告官捉囚嚴懲後右錢
不日督捧還給寺中以爲依舊　奉供之地宜當

丁酉十二月　日　手本宮內府　十月條

右手本爲本宮柴場在於通津浦內面而柴場守護山直
等名下戶布名色自前永爲頉下使之無弊擧行矣忽
於今秋自本郡無端徵納之致山直輩擧皆渙散莫
重
御供柴場將至廢棄之境故兹以據實手本爲去乎
府以訓令于該郡今年所捧戶布錢還卽出給於山直
等處是遣諸般雜役依前頉給使之無弊擧行之
地爲只爲

6　【欄外】丁酉十二月　日　扶安所志題辭 / 依所訴永爲半減向事

丁酉十二月　日　欣岩舍音李景順處

無他宮上納租載運中船人金敬甫船欠縮大斗

十二斗趙致根船欠縮大斗十六斗合二十八斗而此兩漢

因爲逃躱則豈有如許無嚴之漢乎右租二十八斗卽

地捧納後馳告本宮宜當向事

丁酉十二月　日　龍仁題辭

觀此所訴極爲無嚴上納依昨年例是遣更勿煩訴向事

丁酉十二月　日　差帖金仁善

無他宮屬通津柴場都山直以汝矣身差定爲去乎

刈取上納等節着實擧行向事

同日　通津都山直金仁善處

無他宮屬本郡所在田畓舍音以汝矣身差定爲去乎

收穫上納等節着實擧行向事

丁酉十二月二十四日　中和所志題辭

乙未上納中三分一蠲減之意顧念當年所收不贍之情狀而然

矣至於丙申條則以本色上納昭詳分明是去乙豈有

此等贅訴乎上納一款更勿煩訴依前准納是矣復

踵前習當有別般嚴處向事

丁酉十二月　日　金海三公兄處　條牌旨

無他宮屬本郡新島鄕監裵衡禧前已差定是加
尼挽近以來人心不古作人輩莫重上納過當愆滯者
極爲無嚴自今爲始每其當趁卽上納無至違越之
地宜當向事

1898년(무술)

7 戊戌正月卄四日　英陽首書記處
無他本宮庄土在於本郡北面桂谷而今見該舍音所訴
則陳荒橫結尙未歸正而又有調查委員稱以安東
地方隊派遣該庄斗落及當年秋收穀包一一執
錄致令該民覘以本隊所屬云此庄之原係本宮不得
擅便係是公土所重本非地方隊操縱而今何秋收之
執留有此該舍音之呼訴耶玆以牌飭爲去乎所執
穀包自官一幷出給于該舍音處無至橫侵之地
宜當向事

戊戌二月初十日　手本　宮內府
右手本爲宮屬南海所在錦山屯丁酉條稅米收納次另
定派員下送而挽近以來人心不古收刷之際作民中無
賴輩或不無挺拖之弊是乎尼　府以訓令于該郡

---

7 【欄外】戊戌二月 / 初二日 / 興宣大院位 / 薨當日 / 問安初五日 / 成服問安

派員抵到日同稅米不日輸納於屯所之意爲先措辭
嚴飭於作民等處是遣若或有頑拒之類一依派員
所報這這懲治督捧無至遲滯趁卽上納之地爲
只爲

同日　傳令順天鄕監金貞鉉處
無他宮屬住巖田畓丁酉條所收租包上納次另定
宮監下送爲去乎到卽依宮監知委庄土段逐
庫措審爲旀租包則盡數出給以爲上納之地宜當

戊戌二月十一日　手本　宮內府
右手本爲宮屬慶尙道金海蘆田一百結二十負丁酉條
稅錢二百二十六兩三戔與梁山蘆田八十結丁酉條稅錢
二百七十兩一戔八卜納當已過故自宮特定宮監下送
爲去乎　府以訓令于金海梁山兩郡右蘆稅錢
各其郡趁卽出給於宮監處無有遷延之弊
俾完宮納之地爲只爲

戊戌二月十八日　南海錦山屯鄕監處
無他本屯丁酉條租包收捧上納次另定宮監下送爲
去乎到卽盡數出給無至上納遲滯之弊宜
當向事

戊戌二月二十三日　金海新島鄕監裵衡禧處

無他本島上納年年徭滯至於宮監下送之境揆以擧行萬萬駭歎鄕監之除汰斷不容貸是乎果丁酉條上納段依前准數出給於宮監處無至遲滯之弊宜當向事

戊戌二月　日　差帖鄭仁植處　十一日條

無他宮屬三登祥原田地鄕監以汝矣身差定爲去乎收稅上納等節着實擧行向事

手本　宮內府　丁酉六月卄四日條

右手本爲本宮庄土在龍仁水餘面直洞南負兒山下霞峴之地而其山局全屬宮庄由來禁護林木叢匝絶無他人入葬斫伐之弊矣不意該郡陰墟洞居趙哥抑未知何年暗葬于本山局內是乎加喩此山局返謂渠之山坂莫重宮土欲作私庄松楸之木任意伐賣世豈有如許無嚴之習乎事甚痛惋玆以據實手本爲去乎府以嚴訓于該郡趙哥卽爲牢囚嚴懲悖習是遣伐賣之松楸價一一徵納出給於該庄舍音處更無有此等無據之弊爲只爲

手本　宮內府　戊戌正月條

右手本爲本宮庄土在於慶尙道英陽杏下洞之地逐年收穫上納矣不意昨年十一月分自安洞地方隊派送調查委員謂以此庄亦入於本隊中是如斗數與當年秋收穀

包一一錄去是乎則大抵各宮庄土有何所關於地方隊是喩似
是挾雜威脅中所做者故玆以據實手本爲去乎　府以
文移于軍部轉飭該郡地方隊俾無此等無據之弊
爲只爲

戊戌二月　日　安山首書記處
無他本宮庄土在於本郡草山面與水原兩處之地而就
中水原屯結三結五十九負一束自移屬宣禧宮以後元結外
二十八負二束加錄出秩云此必是誤錄之所致也自汝矣
郡詳查歸正無至橫侵之弊宜當向事

戊戌三月十九日　傳令祥原三登舍音金斗淵處[8]
無他本庄舍音以鄭仁植改差下送是在果卽聞家舍與傳掌文簿
尙此勒持云聞不勝駭然所當卽行關嚴治是矣姑看來頭次
玆以令飭爲去乎到卽同家舍與文簿一一傳給是矣若或遲
緩斷當別般嚴處矣除尋常暢念宜當向事

戊戌三月卄五日　欣巖舍音金景順處
無他昨年陰竹租載運中船人金敬甫趙致根等欠縮條二十
八斗督納事已於昨冬牌飭是在果見今三春已暮杳無動
靜是何委折是旀且甲午條言之零在米六石租七石專
事遷延于今不納究厥所爲萬萬痛駭玆以更飭也到卽

8　【追記】堂上分付

星火裝載不日上送無至抵罪之地宜當向事

同日　傳令陰竹監官李秉善處

無他本屯昨年所收租包中未納租十五石斯速畢納事
已於昨冬牌飭是在果見今春晩尙不上納故玆以更飭
爲去乎右租卽爲載運上送無至遲滯之弊爲旀亦有
所査覈之端也汝矣身來待宮庭以爲歸正之地宜
當向事

同日　李元協處

無他汝矣身陰竹屯監官擧行時細音相左條有所歸
正之端故玆以宮差下送爲去乎來待本宮詳査辨
覈之地宜當向事

戊戌三月二十八日　博川題辭[9]

經擾民情不可無顧念故依所訴施行向事

同日　嘉山題辭

縱謂偏災之抑鬱莫重上納豈可無難全減乎特念
情狀近年上納中三分一蠲減向事

同日　露兒島　題辭[10]

9　【追記】所志題內　乙未丙申兩年條 / ▨▨▨▨二百二兩上納事

10　【追記】所志辭意乙丙兩年全減 / 丁酉爲始當五一千兩式上納事

莫重上納不可擅減然陞摠稅錢果匪徒之爲害亦攸共知

者也今此呼寃容或無怪故特念民情依訴施行向事

戊戌閏三月初一日　手本　宮內府

右手本爲宮屬舒川開也召島田畓從前有導掌名目句檢

上納矣昨年四月分該島民等所訴內陞摠以後無前之稅錢有

加無減導掌因付者於島民也上納也有弊無益是如乎所

究其禮許容或無怪故特念島弊使之島民卽納本宮矣

該島民罔知矯捄之澤專事無嚴過當越歲于今不納

是乎則不可不以金昌基更定導掌名目以四月當因舊

擧行爲宜故玆以據實手本爲去乎　府以訓令于該郡

招致島民以懲其違越之悖習而使金昌基更定導掌之

意這這曉喩昨今兩年條上納七百六十一兩四戔不日督刷無至

遲滯之弊爲只爲

戊戌閏三月初七日　手本宮內府

右手本爲宮屬黃海道瓮津郡西壯浦沙串浦龍威島漁

化島等四浦上納石花醢卽　內入饌需進供者而每春秋

分兩等已多年上納矣自乙未年以後浦民等謂以龍洞宮

新式以後今皆革罷竟無上納之處所是如誣訴觀察府後內

申丁酉兩年條無難闕供是乎則究厥所爲不勝駭然玆以

手本爲去乎　府以訓令于該郡右兩年未納條與今

春等條石花醢幷爲上納無至如前無嚴之弊是矣

島民中若或有頑拒之漢這這懲治不日督納之地

宜當向事

同日　差帖鄭再喬

無他甕津都舍音吳錫允汰去代都舍音兼監官以汝矣身差定爲去乎春秋石花醢與各種上納等節着實舉行無至抵罪之地宜當向事

戊戌閏三月十五日　手本宮內府

右手本爲本宮庄土在於載寧餘勿坪累卜等地而設置中賭地主人使之擅着結錢遵行矣一自甲午東擾以後本坪人心去益悖惡該主人之所納結錢欲爲移徵於本宮作黨起鬧構呈營邑丙申丁酉兩年結錢昨秋本宮上納錢中自邑勒捧以去故自本宮曾呈手本有所訓飭于營邑使之依舊例遵行勒捧錢則準數上送于本宮矣自該郡一事漫漶于今延拖寧不萬萬駭然乎玆敢據實手本爲去乎　府以發訓嚴飭于載寧郡捉囚中賭地主人兩年結錢依前例督捧是遣昨秋所捧錢星火上送于本宮俾無上納欠縮之地爲只爲

戊戌閏三月　日　手本宮內府

右手本爲宮屬陰竹注川屯土屢百年築洑灌漑秋收繼供之地而卽見本屯監官所報則不意竹山居名不知李哥與尹哥兩漢謂以此地遞外部大臣李判書立案處

而且農商工部創出新洑是如乎旀新築一洑於元洑上
流宮庄將至廢棄之境云大抵洑上加洑載在禁法哛
除良莫重宮庄爲其所土之私墾永廢乃已則此事何
等無嚴是乎旀且一坪之土民無奈離散之境云以新
廢舊之歎猶屬歇后此不可咎刻放置故玆以據實手
本爲去乎　府以照會于農桑工部轉飭該郡
無據之尹李兩漢嚴治逐境永杜後弊之地爲只爲

閏三月　日　通津首書記處
無他宮屬浦內里柴場所收柴木卽　內供之需而其所重
與他逈別是去乙挽近新式以後洞民與山直輩稱托結卜
刈取雇價無常濫告之致以依錢例的定上納矣至於昨
年柴木之作錢無難闕納無賴輩設有頑拒之弊汝矣
郡擧行何等漫忽而致此闕供之境耶以戶布言之新式以來
何土何面旣所不得是去乙憑此闕納擧行所在寧容若
是事甚痛駭玆以牌飭爲去乎自汝矣郡令飭洞民與
山直等處昨年柴木作錢不日督捧出給于都山直金仁善
11 處無至上納遲滯之弊是遣今年段依前例自宮出

11 【欄外】戊戌四月日　手本　宮內府 / 右手本爲以宮屬陰竹屯注川坪築洑事已爲手本是乎所此 / 非徒本屯所報之的確注川一坪土民亦爲列名等訴于本郡洑上加 / 洑載在法典是如得題昭然是去乙今此農商部照覆內 / 該郡之所報甲變爲乙忽地相行抑未知中間有何作奸爲然是 / 乎旀且在前手本中農商部創設新洑一款眞僞不辨而但說 / 新舊洑相距截遠川源之汪濊而磨勘步雖雖二千水是一源上 / 防其源下必無水無水則洑廢洑廢則庄無所收宮無所捧矣浩多 / 應用將何以支撥乎若自農商工部難罷該洑從玆以往宮 / 洑移屬其部依本洑年例所納數爻輸送本宮以爲需用是遣 / 如其不得革罷新洑以完宮庄是加喩兩端間摘一歸正之意 / 府以更照農商工部以爲措處之地爲只爲

給刈取雇價與船價而收穫上來矣以此意這這曉諭無放
違越之地宜當向事

戊戌閏三月　日　通津都山直金仁善處
無他本郡浦內里柴場所收柴木二千六百五十同卽內供柴
木之所重汝矣身亦爲知悉者而近因刈取雇價與船價之甚不相
適之致定爲作錢上納矣至於昨年頓無如何動靜所謂都
山直差定者上納等節使之着實舉行者也故爲乎有都山直之
名而無舉行之道耶必是洞民與山直輩符同專事遷延
者也事當卽地押上懲治是矣第觀來頭舉行玆以牌飭爲
去乎昨年所收二千六百同作錢者一一收捧上納無至遺漏抵罪之
地是遣至於今秋自宮更給刈取雇價與船價必須載運柴
木上來矣亦以此意知悉舉行無至違越之地宜當向事

閏三月　日　瓮津舍音鄭再喬處
無他本郡西壯浦沙串龍威漁化等島上納石花醢卽
內入饌需之所重汝矣身亦爲知悉者而自乙未以後島
民等敢生不測之心謂以龍洞宮今皆革罷是如搆誣荒
說丙申丁酉兩年條無難闕供言念及此不勝駭然故因
宮內府訓令與上納諸條後錄牌飭爲去乎到卽曉喩于
島民等處右兩年條及今春等條石花醢與諸般上
納趁卽上納無至如前無嚴之弊是矣島民中若或
有頑拒之漢卽爲指名馳告本宮以爲別般嚴處
之地宜當向事

戊戌五月十二日　昌原題辭

元納之已減寔出顧念而又此請減無乃已甚乎以
公以私俱有參量依數來納更勿煩訴向事

戊戌五月　日　以陰竹事宮內府手本

右手本爲以宮屬陰竹屯注川坪洑上添洑事請照于農
商工部革罷新洑是加喩如是不然宮洑移屬該部後
年例所納穀數輸送本宮是加喩措一歸正之意曾有所
手本者而該部之照覈尙此渺然故特定宮差詳細圖形
以來則屢百年收穫之宮庄乎餘戶生活之民畓由此一洑
而灌漑起耕是去乙一源之水洑上加洑以幾石落之私墾莫
宮庄將至廢棄境是乎旀且本坪屢千名作擾者舍其
所噭噭呼冤之狀下慮有死傷之弊是乎尼事若公正
民肯如是農商部有何拘碍之端尙不措處是喩不勝訝惋玆以手本
府以措辭更照于該部以爲斯速歸正之地爲只爲

戊戌六月十四日　傳令水原　龍珠寺住持僧處

無他龍仁縣內面舍音已自本宮差定而纔經一秋意至改差
云此卽汝矣等中間沮戱之致也究厥所習成極痛駭固當嚴繩
12 姑爲安徐玆又復屬爲去乎從玆以往若或有復踵前習
之弊斷不容貸矣知悉擧行無至抵罪宜當向事

12 【欄外】戊戌六月十四日 / 甕津郡漁化島所在本宮饌物基巨充箭自今 / 秋以南相鉉幹事入結次帖文成給爲去乎 / 着實擧行宜當者

戊戌六月十四日　瓮津首書記處

無他宮屬本郡漁化龍威沙串西壯等四浦年例所納石花醢及各物産丙申丁酉兩年條今春等條幷收納之意　宮內府訓令及本宮牌旨不啻截嚴而已過數朔尙今無聞者抑或有浦民等頑拒而然是喩該舍音不勤擧行而然是喩玆更牌飭爲去乎汝矣眼同該舍音各浦所納物産丙丁條今春條沒數收納爲旀前舍音吳錫允處各浦物産所捧文蹟及本宮上納數爻一一推給于新舍音魯聖獜處以爲
13 憑考之地宜當向事

同日新舍音魯聖獜處

無他本宮所係漁化島所在巨充等箭基三庫以汝矣身主管入結次成給帖文也恪勤擧行爲旀前已入結者藉托府郡文蹟或有沮戱之民隨現指名馳告本宮以爲嚴勘之地宜當向事

戊戌七月　日　昌原題辭

已有息訴之題非止一二而又此煩提甚涉可痛然顧念情狀元納中特減五十兩向事

戊戌七月十八日　傳令龍仁縣內面舍音與作人等處

無他水原龍珠寺

13 【欄外】七月十八日 / 眞殿六室 / 茶禮自宮 / 全當擧行 / 而錢則 / 宮內府會計 / 院上下

護聖殿位土在於龍仁縣內道村等地而右舍音自本宮曾已
差定是去乙近來牟利之輩從他圖囑稱以舍音多端作
弊云已有郡伸飭是在果若有是弊是去等自郡捉囚罪報
本宮以爲嚴處是旀每於執賭不平收賭時闊月漫漶之云依
他畓例幷作打租無至遲滯之端爲可是遣右位土與
華寧殿屯土與宮庄萬無混雜之理而每於該監稱以庄土
多端藉稅云此必是作人輩幻弄作奸之故也該屯土稅勿爲
相關宜當向事

戊戌七月廿五日　甕津首書記處
無他向以本郡龍威漁化等各島　進上石花醢闕納
事付送　宮內府訓令與本宮牌旨不啻申嚴而自汝矣郡
　事推諉歸之無名雜稅秩大抵　饌需進供何等
所重而令飭之下視同尋常事使亦無如何報告容其事體
不覺痛駭玆以牌飭爲去乎到卽眼同該舍音各浦所納丙
丁戊三年條石花醢趁卽收納無至遲滯之弊是矣若
更復踵前習當別嚴懲而責有所歸矣暢念擧行宜
當向事

戊戌八月十四日　手本宮內府
右手本爲本宮庄土在於黃海道平山郡龍川面之地而卽
接該舍音馳告則自黃州地方隊謂有軍部訓令是如
本宮庄土中畓結五結四十三負田結三十二負五束庫乙
一幷成冊打租云自宮買畓已經三十餘年一以應結而已

是乎旀由來幾百年轉相賣買之地今忽侵漁是何
委折是乎喩　府以照會于軍部轉飭該郡地方隊更
不有此等無據作梗之弊爲只爲

同日　手本宮內府
右手本爲陰竹郡所在東西栗本四屯卽本宮庄收稅之
地而挽近以來宮監收租之際作民中無賴輩沮戱延拖
以至於氷泊不納之境豈有如許無嚴之習乎玆以據實手本
爲去乎府以發訓于該郡轉飭各屯作民等處使之嚴督來納
是矣收租之際若或有延拖不納是去乃頑拒作梗之類
是去等依宮監所報這這懲治督捧無至宮監滯留之地
爲只爲

戊戌八月廿一日　手本宮內府
右手本爲本宮屯土在於慶尙道昌原之地而每年下送宮
監依例收稅上納矣挽近人心不古藉托陞摠以致遷延
之境故玆以手本爲去乎　府以訓令于該郡作民
中或有頑拒作梗之弊是去等依宮監所報這這懲治俾無
宮納遲滯之地爲只爲

同日　手本宮內府
右手本宮屬黃海道甕津漁化島所在田畓秋收次下送
宮監爲去乎挽近人心不古每多頑拒之弊故玆以手本
爲去乎　府以發訓于該郡使之嚴飭頭民等處俾無宮

納遲滯之地爲只爲

戊戌八月廿三日　傳令　李秉瑢處

無他本屯昨年所收租包中未納租十五石畢納事已於今

春牌飭是在果竟無應納之擧而拖至于今汝矣則上納

之周年愆滯視若例件事擧行所在寧容若是事甚

痛駭玆更牌飭爲去乎右租十五石段今年汝矣身例下

中除留相計以爲上納磨勘向事

同日　欣巖舍音李景順處

無他昨年陰竹屯租包載運時船人金敬甫欠縮大十二斗

與趙致根欠縮大斗十六斗合二十八斗捧納事已於今春

有所牌飭而亦無應納之擧爲旀且以擧年任置餘條白

米六石及正租七石言之間有幾度牌飭不啻截嚴而視

若尋常頓無辦納之意思是可謂舍音擧行之道理

耶至於今秋依前漫漶物有所歸法有所正矣以此知

悉船人所逋條與擧任置條趁卽上納無至抵罪後

悔向事

戊戌九月廿七日　手本宮內府

右手本爲宮屬黃海道甕津郡漁化龍威西壯沙串

等四浦上納石花醢自丙申以丁酉至無難闕　供事曾

有所手本荐承訓令眼同宮差卽付該郡是乎所

浦民中金尙玄爲名漢煽動浦民行賂於本郡首校

金奉琳處下去宮差與舍音使之逐出之意請囑是乎

旀且如此無名雜稅徒爲民瘼是如逕訴觀察府該

府題旨內殘島民情不可不念期祛民瘼是乎旀該郡

題旨內奉准觀察府題音將論報　宮內府是如

乎則大抵右項四浦基址與箭基本屬龍洞宮以各浦

所出石花醢仍于稅屢百年春秋兩等上納者而且係

內供饌需之所重與他逈別是去乙該浦民輩以不古之心以

爲各宮擧皆革罷而此便屬無名雜稅是如誣訴府郡

致此頑拒之境島民之悖習已無可論而觀察府與該

郡言之則　進供之所重訓令之截嚴全不憚忌

但撫浦中沮戲之民爲長策事體所在寧容若是不

勝訝惑玆更手本爲去乎使浦民毋敢復踵前習而府

郡之不存事體責所難免之意　府以發訓于該

府郡年例應納之三年條石花醢該舍音眼同使之趁

卽上納之地爲只爲

戊戌九月卄八日　通津首書記處

無他宮屬本郡浦內里柴場所收丁酉條柴木作錢督捧

出給於都山直處爲旀今年段刈取雇價與載運船價自宮監

出給矣所出柴木依例收穫上來之意已於今春牌飭不啻

緊重而該洞民與山直輩但以戶布稱托莫重宮納歸之

尋常自春至秋宮無如何擧措以戶布論之則何土

何面之所免或有得聞者是旀且汝矣擧行何等漫忽而致

此無端闕　供之境耶見今歲律旣暮雇價與船價

設或自宮出給猶有晩時之歎故玆更牌飭爲去乎今
年則依近年例以作錢上納之意這這令飭於洞民與山直等
處昨今兩年條柴木作錢幷爲督捧出給於都山直處
使之趁卽上納是矣若或如前漫漶斷有別般嚴
懲矣暢念擧行無至抵罪後悔向事

戊戌十一月初四日　晉州舊海倉主人所志題辭
此款曾屬本宮更張以後更無相關而究厥事實
則同旅閣段自歸本主趙華伯宜當向事

同日　陰竹注川坪作人尹得伊所志題辭
究其情狀以一口五十卜特爲許施向事

戊戌十二月　日　陰竹監官差帖　李淡會
無他宮屬陰竹屯監以汝矣身差定爲去乎着實擧行無至抵罪
之地宜當向事

戊戌十二月　日　陰竹屯舍音差帖　李漢植
無他陰竹宮屬屯舍音以汝矣身差定爲去乎看坪秋
收等節着實擧行無至抵罪之地宜當向事

戊戌十月　日　瓮津首書記處
無他本郡漁化龍威沙串西莊等四浦所出石花醢上納事
宮內府訓令本宮牌旨不啻申嚴而該浦民等誣訴府郡

一內頑拒無難闕　供該民之惡習已無可論且以汝矣郡擧

行言之　進供之所重訓令申復全不彈忌徧聽浦民

之誣囑致此愆沒之境究其事體不勝痛駭玆更牌

飭爲去乎作奸浦民別般嚴懲是遣該浦所納三年條

石花醢及各種上納眼同該舍音依前例輸納以使

進供是矣如是令飭之下若有復踵前習者斷無客

貸治以重繩矣暢念擧行無抵罪之地宜當向事

戊戌十一月　日　陰竹首書記處

無他宮屬本郡東西栗本四屯打作租包上納之時以作

人輩每不速納之致至有宮監多日豆留之弊而尤中

從來幾石零未收或其翌年收捧矣至於今年該作

人輩以上納之稽緩以使倆四屯打賭租包上納中未收爲二十

二石五斗二升九合三勺而終不來納豈有如許無嚴之民習

乎四屯未收成冊眼同玆以牌飭爲去乎到卽各其石下這這

督捧無至上納遲滯之弊宜當向事

戊戌十二月十七日　手本宮內府

14 右手本爲來正朝

眞殿　茶禮擧行爲本宮當次故玆以手本爲去乎所入

錢依例玆以爲擧行之地爲只爲

14 【欄外】所入錢則 / 自　宮府 / 會計院上下

同日　手本宮內府

右手本爲宮屬黃海道安岳遠城場蘆庄已多年
作伕收稅依例上納矣忽於今者廉廷玉爲名人持　本府
訓令到付該郡謂以此庄入于　宮內府是如本庄監官
無端捉囚已於六七月間作伕收稅上納錢當場責徵此必是
無賴輩圖囑　本府訓令以爲中間作梗者也若此不已則
宮庄歸之烏有之境故玆以據實手本爲去乎　府以
措辭嚴訓于觀察府與該郡如此無據蔑法之漢
捉囚嚴懲以杜後弊之地爲只爲

戊戌十二月　日　手本宮內府

右手本爲宮屬慶尙道南海錦山屯稅米卽
御供水刺米而每結支定米四十六斗自宮派送宮監收捧于
本屯後結稅段自該屯輸送於度支部者而挽近該屯民輩
不知　進供之所重稅米亦依結錢例以錢代納是如左右稱
托本色米竟不應納大抵屯民之從前出稅曾是不易之典
本屯之納稅於度支部毫無關于屯民是去乙今此擧措抑
以不古之心致此紛競揆以民習萬萬痛駭玆以據實手本
爲去乎　府以嚴訓于該郡轉飭屯民等處趁卽依前
上納是矣若踐前習一事頑拒首唱屯民另治重繩期
以本色米督捧無至宮納愆滯之地爲只爲

戊戌十一月二十七日　聽令　孝谷金知事

山陵三軍內擧行熟手姜昌植加出付料事

戊戌十一月　日　陰竹注川坪制字畓節目

右爲完文事陰竹注川坪制字等畓係是本宮稅納是如往在丙戌年分坪內浦落至有成川已無其土有難徵稅參酌減給是遣以結一口五十負逐年應納是加尼今見該畓主之呈訴則陳川終不得新起而已減之結更爲添徵云爲其民情寧有是理乎不無參量依丙戌年例以給一口五十卜永爲定式俾無後來橫侵之意完文成給事[15]

15 【追記】庚子新改量後以本量案結卜施行 / 捧納而此節目勿施

1899년(기해)

己亥正月二十六日　手本宮內府

右手本爲本宮蘆場在於載寧海倉地位兩處而今聞該鄕監所告則昨冬宮內府蘆稅派員下來本郡兩處蘆價一百五十兩勒奪以去矣各宮蘆場勿侵事月前旣有府訓下送者而莫重宮土臆稱私庄有此混侵不勝萬萬痛駭　洞燭此狀發訓該郡勒捧錢一百五十兩還推出給于該鄕監處更勿侵責之地爲只爲

同日　條牌旨載寧郡首書記處

辭意上同

己亥正月卄三日　手本宮內府

右手本爲本宮屬慶尙道金海蘆田一百結二十負稅錢三百二十六兩三戔自郡依例上納者而至於丁酉戊戌兩年稅錢無端不納故玆以據實手本爲去乎　府以發訓于該郡右項兩年條稅錢六百五十二兩六戔使之趁卽上納無至愆滯之地爲只爲

同日　手本宮內府

右手本爲宮屬慶尙道梁山蘆田八十結戊戌條稅錢二百七十兩一戔八卜刷納次定宮監下送爲去乎　府以訓令于該郡右

蘆稅錢趁卽上納無至遲緩之弊爲只爲

同日　陰竹監官李淡會處

無他本屯稅租使各其作人卽納于屯所已爲積年之例然每患零條之未納無年所有莫重宮納竟至欠縮擧行所在焉有是理別定規模玆以牌飭爲去乎自今年爲始四屯作人之所納稅租使各其舍音收捧於各作人等處以爲來納無至欠縮之弊是矣若有頑拒紛挐之弊則該舍音斷當別般嚴治矣暢念擧行無至抵罪向事

己亥二月　日　金海新島鄕監裵衡禧處

無他本島稅錢二百兩年例上納元是不易之典而自本宮曾無添減之處分是去乙渠意自斷冒稱蠲減丁酉
16 條以一百五十兩上納揆以擧行萬萬痛駭玆以牌飭爲去乎卽戊戌條上納二百兩與丁酉條零在五十兩合二百五十兩趁卽上納無敢遲緩是矣若有漫漶汝矣身當有別般嚴處矣知悉擧行無至抵罪後悔向事

己亥二月　日　南海錦山屯鄕監金炳禹處

無他本屯戊戌條稅米刷納次特定宮監下送是在果近者人心不古彼愚民輩罔念宮納之攸重憑藉陞摠本宮稅米亦依結錢例代納是如臆托頑拒揆以民習寧不痛惋以汝

16 【欄外】己亥二月日 / 睿候平後 / 敎是後 / 書啓 / 堂上大監 / 書題所二十一兩 / 小次知趙行仁 / 李重洽李重 / 赫金相麟 / 幷賞加其餘 / 各木布一疋賞 / 給內人四各木 / 布一疋奴婢子 / 各木一疋

矣身擧行言之當有一分操速豈至此境必是專事利已
循私致此擧措究其所爲萬萬駭然且所謂槓座米幾石
之例下者未知創自何時是喩此誠謬例成習者則自今永爲
勿施爲旀丙申年汝矣兄洪根處回粮貸下條葉錢十五
兩趁卽還納是遣稅米段期以本邑上納莫至違越抵
罪向事

己亥二月　日　順天富饒面鄕監金貞鍾處
無他宮屬住巖田畓丁酉條稅租納上時依宮監知委所在庄土
逐塵指需之意有所宮飭是去乙有何苟擬之端而初無指示
之擧是旀且稱積置主人與斗直等無前之名目租包中
欠縮爲四五石之多此都由於汝矣身擧行漫漶不古之所致
也今以戊戌條租包刷納次另定宮監下送爲去乎到卽
所收租包依前例準數載送無至宮納欠縮之地爲旀
所在庄土亦逐塵指需是矣若復踵前習不遵宮
飭當有別般嚴處矣暢念擧行無至抵罪向事

己亥三月初三日　手本宮內府
右手本爲宮屬慶尙道金海蘆田一百結二十負丁酉戊戌兩年條
稅錢文六百五十二兩六戔無端不納故已承　本府訓令定宮
監到付是乎所該郡稱以訓令上不載宮監姓名無憑可據
是如頑拒不納故玆以據實手本爲去乎　府以更訓于
該郡右兩年條稅錢無碍出給於宮監田景鎭處使之
趁卽上納之地爲只爲

己亥四月十四日　欣巖舍音金景七處

無他昨秋本宮所納穀包中白米七十二石果粘米十一石任置於陰竹旅閣主人殷弘植處便卽上納者而昨冬則稱以氷泊容或無怪然至於今春待其氷釋趁卽載送事理當然而況今年解氷之早比近年之所稀是去乙何往而尙無動靜是如可任置白米中五十二石無難乾沒以至宮納欠縮之境豈有如許無嚴之漢乎究厥所爲萬萬痛駭玆以牌飭爲去乎殷弘植之任置於汝矣處之穀包中白米七十二石粘米十一石卽爲載運上送俾完宮納是矣如是令飭之下若有漫漶相左之弊則汝矣身斷當嚴懲矣惕念擧行無至抵罪後悔向事

淡會
己亥四月十八日　陰竹屯監官李元協處

無他本屯注川坪新洑事　府訓宮飭不啻申複而因循到今終不毁罷云大抵洑上添洑之在法典洑廢水涸不待論諭而知者也況天旱之久無如今年之甚而防源之下一點水痕當從何處可望乎此不可晷刻放置故玆以牌飭爲去乎到卽所謂新洑另破潰決灌漑收穫依舊擧行是矣或有頑拒作梗者馳告本宮以爲嚴處向事

己亥五月初一日　傳令陰竹屯監官李淡會處

無他曾以新洑毁罷事本宮令飭何等申嚴而今聞

所謂新洑舍音輩更築新洑水痕絶無云雖雨澤頻
仍洑廢則庄亦廢矣況旱燥之如此太甚而莫重宮
庄以所土私墾乃至廢棄之境此豈唇齒之所掛
者耶不勝痛駭玆更令飭爲去乎到卽不留晷刻
潰決灌水所謂新洑名色永破滅痕無至後日更起
之地宜當向事

己亥六月十三日　陰竹屯監官李淡會處
無他向以新洑禁斷事有所令飭矣現聞新洑舍音
已於今春爲舊洑費巨款開鑿新溝通利水道
故舊洑下六洞之民或其蒙利以和好之意成標
以給云則何可以暫時旱乾食言而生梗乎且上下洑相距
濶遠無甚相妨於宮庄則不必以此相持故玆以更飭
也從玆以往新舊民永相和好均霑利益更勿起
鬧之地宜當向事

己亥六月卄二日　安岳導掌李根茂題辭
莫重宮納豈可容易擅減是旀已納之甲午
條今何更擧乎乙丙丁三年條亦當依舊督
納是矣特念情狀三分一蠲減是在果不日來納
無至遷延之弊向事

己亥七月十六日　差帖金福禧處
17 無他康津導掌金承烈代以汝矣身差定爲去

乎上納等節着實擧行向事

己亥七月二十八日　差帖李龍璇

無他南陽江船主人金相英代以汝矣身差定爲去乎上納等節着實擧行事

己亥八月初一日　手本宮內府

右手本爲宮屬黃海道甕津郡漁化龍威沙串西莊等四浦所出石花醢卽　內入饌需進供者而積年闕納事本府訓令不啻申嚴而該浦民等誣訴府郡或謂各宮革罷或稱無名雜稅自丙申以今年至四年之久而尙此闕　供該民之惡習旣無可論以該郡言之罔念　進供之攸重徧聽浦民之誣囑致此愆納究其事體不勝痛惋玆更手本爲去乎　府以措辭嚴訓于該府郡右四年條石花醢使卽上納之地爲只爲

己亥八月初二日　三登郡首書記處

無他宮屬本郡英金里所在田十四結十七負內已爲永除頉給一結六十九負七束矣忽自丙申年更爲出秩無端橫侵且稱以救弊加結錢二十八兩一戔四卜徵捧云雖私土私庄不可科外橫侵是去乙况乎莫重宮庄敷聞甚痛駭玆以牌飭爲去乎到卽已頉之陳結更勿侵責爲

17 【欄外】更以金 / 承烈還

旀所謂加結錢卽還出給無至例外生梗之地宜當向事

八月初六日　手本宮內府

右手本爲本宮蘆場在於黃海道載寧地位而今聞宮內府査辨官下來各處蘆場欲爲都聚放賣而本宮蘆場亦爲混侵云大抵此蘆場本以宮畓江落之地今雖爲蘆場而結錢則至于今以畓結例納于度支比於他場逈有異焉而有此混侵事甚無謂玆以據實手本爲去乎　府以訓飭于査辨官本宮蘆場一切勿侵依前自宮作伕俾無紛更之地爲只爲

八月十四日　手本宮內府

右手本爲本宮庄土在於慶尙道金海鳴旨面新島下東面平村下沙鳥津帳之地而自甲午以後該鄕監輩莫重宮庄無難挾雜幻弄土地日縮上納愆滯陳土起墾處與漁機漁網等稅錢每多遺囑且漁機漁網或被他邑無賴輩侵漁之弊故玆以手本爲去乎府以發訓于晉州觀察府使之轉飭該郡帳內起墾處與漁機漁網稅錢依舊刷納之地爲只爲

同日　右辭意牌飭於金海首書記處

己亥八月　日　昌原例飭手本宮內府

八月　日　利川首書記處

無他宮屬本郡所在庄土舍音康永玉報告則所帶舍音除汰至有無端新差而奪去所掌量斗云莫重宮庄之舍音初無本宮之分付而私自黜陟量斗幷爲勒奪其在事體聞甚駭歎必是鄕曲挾雜之類構虗做沒之所致也故玆以令飭爲去乎到卽嚴査後舍音一款仍舊擧行奪去量斗卽爲還歸致無更訴之弊宜當向事

八月　日　傳令　龍珠寺主持僧處

無他龍仁縣內面舍音已自本宮差定是去乙汝矣等此頃彼頃而般搆揑欲爲改差抑何頑習乎究厥所爲萬萬痛駭右舍音不可以汝矣任意黜陟矣若一向頑拒則僧統難免輕蔑之罪責是矣橫出稱舍音者若有作弊之端則自郡伸飭嚴治所謂舍音之加下者當於秋收後査實歸正矣暢念擧行無至抵罪向事

八月　日　傳令　龍珠寺主持僧處

無他本寺所奉

護聖殿位土在於振威一西面野幕而食主人段以朴德允差定是矣自明年爲始擧行事

八月　日　古阜例飭條牌旨

八月　日　傳令龍珠寺主持僧處

無他今此　追崇敎是後

護聖殿

莊獻世子　睿位別有崇奉擧行之儀而香卓與器

皿等節一依

正宗大王擧行之例依後錄詳細錄書是遣汝矣身

亦眼同宮差來待宮庭向事

後

輦擧　旗幟　陽傘　香卓　帳　祭器[18]

燈籠

八月　日　瓮津首書記處

無他本郡漁化龍威沙串西莊等四浦所出石花醢卽

內入饌需　進供者而積年闕納事宮內府訓令本宮

牌旨不啻申嚴而該浦民等誣訴府郡或謂各宮革罷

或稱無名雜稅自丙申以今年至四年之久而尙此闕供

該民之惡習旣無可論以汝矣郡言之罔念　進供之攸重

偏聽浦民之誣囑致此愆納豈非事體之失當願

不勝病惋玆更牌飭爲去乎到卽嚴飭浦民四年

條石花醢督刷輸上是矣若復踵前習趁不來納當

有別般嚴處矣刻期畢納無至抵罪之地宜當向事

18 【追記】具件 / 各銀器 / 重數

己亥八月十九日　扶安首書記處

無他宮屬田畓在於本郡宮倉月巖里等地而昨冬海溢以後垌堰潰決醎水浸溢以致今年之凶荒白草茫茫極目愁慘全無掛鎌處是如乎垌役與上納姑舍勿論結錢亦無以辦出不勝悶然玆以牌飭爲去乎到卽被災田畓遣吏摘奸之後今年結錢全數蠲免俾無白地徵稅之弊是遣形止卽爲馳報宜當向事

己亥八月卅日　手本　宮內府

19 右手本爲今此陰曆九月十三日

眞殿第二室　茶禮擧行爲本宮當次故玆以手本爲去乎所入錢文依例上下之地爲只爲

己亥九月初七日　手本　宮內府

右手本爲宮屬陰竹郡東西栗本四屯租包收穫次下送宮監而挽近人心不古無賴作民輩或有沮戱延拖至於氷泊不納之境故玆以手本爲去乎　府以發訓于該郡轉飭各屯作民等處使之督納是矣若有復踵前習頑拒作梗之類是去等依宮監所報這這懲治督刷無至慫緩之弊爲只爲

同日　甕津例飭　皮稷條

19 【欄外】錢文 // 自　宮內府 / 會計院推 / 來

己亥九月　日　順天富饒面監官金貞鍾處

無他本宮庄所收租包應其當年納上之例而去戊戌條上納今秋再成尙此滯納揆以擧行萬萬痛惋玆以牌飭爲去乎到卽昨今兩年之條租包幷爲準劃于下去宮監處俾爲斯速上納是矣若復漫漶當有別般嚴處矣知悉擧行無至抵罪之地宜當向事

己亥九月十四日　手本宮內府內藏院

右手本爲本宮庄土在於陰竹之地而各宮庄土自本院無有句管而然或有本院派監混侵之弊故玆以手本爲去乎　訓飭於該派監無至紛拏之地宜當向事

己亥九月卄九日　通津郡首書記處

無他內需司各宮庄土勿爲幹涉之意奉承旨意已有內藏司訓飭於各道查檢委員至於本郡浦內所在本宮庄土申目莊園課移照於該委員是去乙今聞盧哲鎬爲名者謂以舍音恣意打租無難作梗云大抵宮庄所重果何如而況於奉旨之下以若幺麽蠢氓不知事體敢此持詰揆以法意殊極痛駭到卽盧哲鎬爲先捉囚本郡本庄秋收使該舍音千哲良依舊收穫俾無携貳之端是遣擧行形止星火馳報宜當向事

己亥十月初八日　手本宮內府

右手本爲宮屬慶尙道南海二東面錦山屯稅米卽
御供所需而每結支定米四十六斗式收捧上納曾是遺來定
式矣挽近人心淆薄藉托陞摠稅米亦依結錢例代納頑
拒不納稅米原以本道收捧後結錢亦自本屯輸送于度
支部則屯民之徵稅無關陞摠本屯之捧稅亦無增減
是去乙該屯民輩罔知　進供之所重專事利已格
外作梗豈有如許無嚴之事乎不勝痛駭玆以據
實手本爲去乎　府以嚴訓于該郡使之轉飭屯
民等處必以本色米依舊上納之地爲只爲[20]

己亥十月初八日　手本宮內府

右手本爲陰竹郡所在本宮屯土中有打賭稅三條之名目
而至於稅者本以有土定稅每結以四石零依例遵行者爲
百餘年之久矣方今收捧之際本郡守李秉德以本
邑居人亦有本屯所納之稅而自昨年謂以元結例代納
臆托不納設有作民中頑拒之弊其在莅民之地宜倍
懲勵以完公納事體當然曾前例行之規如是
違越寧不駭歎玆以據實手本爲去乎
府以訓飭于該郡李秉德昨今兩年未納稅及
諸作人處所納稅使之若例上納以杜後弊之地爲只爲

己亥十月十二日　安山郡首書記處

20 【追記】錦山屯鄕監處 / 條牌旨辭意同

無他本郡所在本宮庄土卽收穫舂精以爲
御供水刺米而今聞自汝矣郡本庄所收租包盡數懸
錄且節序已晩不許舂精云至於此屯與他各屯原有
逈別龕除良尤況
御供之需何等所重而敢此持詰抑未知有何指揮而
然是喩自汝矣郡有何委折而然願當有奏
稟歸正之道故玆以牌飭爲去乎到卽詳査馳報
無至稽緩抵罪之地宜當向事

己亥十月卄四日　傳令　龍珠寺住持僧處
無他本寺
佛殿面帳與佛卓巾布染色及長廣尺數錄入之意
奉承
勅敎玆以令飭爲去乎自汝矣寺中詳細錄上以爲
入
鑒之地宜當向事

同日　金元植處　以快告　牌旨
無他汝矣身擧行蠹島舍音汰去是在果差帖
與可考文蹟星火來納宜當向事　卽地收入

己亥十月卄五日　手本宮內府
右手本爲宮屬陰竹屯所收穀包卽
御用水刺米而其載運船賃與他私船毫無差等是去乙

驪州郡欣巖浦所在船人黃汝順金致成兩漢無據生
梗首唱起鬧莫重宮納拒不裝載豈有如許蔑法之氓
乎不勝痛駭玆以據實手本爲去乎　府以訓飭于
該郡右黃金兩漢爲嚴治以懲其習是遣申飭該浦船
人等擇其完固船隻使之星火上納之地爲只爲

驪州郡首書記處

無他本宮屬陰竹屯所收穀包卽
御用水剌米而其所載運船賃與他私穀豪無差等
是去乙本郡欣巖浦所在船人黃汝順金致成兩漢首唱起
鬧莫重宮納拒不裝載所謂該浦三所任者同勢相應
本宮舍音至有驅逐之境縱云人心不古豈有如許無據
無嚴之習乎聞不勝痛駭玆以牌飭爲去乎到卽
黃金兩漢與該浦三所任捉囚嚴懲則發伶俐官隸擇
其完固船隻趁卽裝載是矣如是令飭之下若有
漫漶責有所歸矣以此知悉暢念擧行宜當向事

己亥十月廿九日　手本宮內府

右手本爲宮屬慶尙道金海梁山稅錢本是自官上納
是乎所據金海郡報告則辛卯壬辰癸巳三年條稅錢
九百七十八兩九戔果據梁山郡報告則蘆稅中五十五兩二戔三卜
合一千三十四兩一戔三卜慶尙道大邱居崔處圭爲名漢冒
稱本宮鄕監捧刷以去是如乎則偸竊公納之罪例自懲
勵𫕔除良莫重宮納不可遺漏故玆以據實手本爲

去乎　府以發訓于慶尙北道觀察府右崔漢使之
捉囚嚴懲乾沒之蘆稅星火督刷以爲上納之地爲只爲

己亥十一月初五日　手本　宮內府

右手本爲宮屬慶尙道昌原馬山洞所在庄土本以有土每
負二斗支定出稅遵行上納者爲屢百年之久矣自甲午
陞摠以後蚩蚩愚氓至於宮納自稱革罷只納度支元
結是如臆托頑拒大抵作民之徵稅從前以往毫無增
減是去乙不知宮納之所重專事利已致此當試作梗
豈有如許不古蔑法之民乎　府以發訓于該郡首
唱起鬧之南山里居彭致明沙巴亭金士會安民尹
德玄人方朱文洙三丁子姜致祐等五漢使之捉囚
嚴懲無敢復踵前習爲㫌轉飭諸作人等處以完宮
納之地爲只爲

同日　手本宮內府

右手本爲宮屬慶尙道金海蘆田一百結二十負稅錢
三百二十六兩三戔果梁山郡蘆田八十結稅錢二百七十兩一戔八卜
曾前自郡上納之例矣挽近每多違越愆滯之弊
是乎則不容不差定鄕監然後可期上納之完全故玆
以手本爲乎　府以發訓于金海梁山兩郡本宮蘆
場一款以鄕監崔容德使之全管擧行該場量案
與可考文蹟傳掌鄕監後眼同解事吏結數與方里
一一逐庫俾爲昭詳報來之地爲㫌今年蘆稅亦

爲出給於鄕監處以爲上納之地爲只爲

己亥十二月　日　手本　掌禮院

右手本爲接準龍珠寺僧請丈報告內開本寺
護聖殿卽
隆陵　健陵　位牌奉　安殿而或有頹圮處則
例自華營莞千庫隨毁修補之節
判下定式無弊擧行是乎加尼自甲午年莞千庫
移屬掌禮院後三分付屬于
隆陵　健陵　綏慶園是乎則
護聖殿修補之節變通無路冀更　蒙劃下之
處分是如乎故玆以手本爲去乎　訓飭于各其
陵官處
護聖殿修理費依前例分劃使之一體擧行之地
爲只爲

己亥十二月　日　完文草

右完文爲成給事戊戌年分京桂洞李贊政家
於京圻陰竹西面半星里前坪築洑作畓爲拾石
落廛而其中或有買田作畓者亦有本屯基址草場
起墾處而買田作畓者則旣有定稅自本宮依例收
納是遣至若起墾處則不可無稅故自本宮新定稅納每
年肆拾兩始自己亥年永爲定式是矣日後若有携
貳之端則以此憑準之意成完文以後永遵勿替事

己亥十二月　日　所志警務廳

龍洞宮色掌姜壽賢年五十

云云本宮에屬흔黃海道甕津郡龍威漁化西莊沙串

四浦所出石花醢는卽

內入饌需이온디　該舍音魯聖獜者之以不測之心으로

丙申丁酉戊戌三年條石花醢代戔葉四百兩과己亥春等

石花醢는以本色乾沒不納故로自本宮捧侤音後十月

二十九日已爲　本廳捉囚이온바竟無如何之處分故玆以

此本侤音仰訴爲去乎　參商敎是後右三年條代錢

四百兩과己亥春等石花醢代錢二百四十兩과宮差之來往費

一百四十八兩合計葉七百八十八兩星火督捧無至宮納遲滯

之弊事

1900년(경자)

庚子正月初四日　金海郡首書記處

金他已自汝矣郡所納蘆田一百結二十負依前宮飭使之出給于本宮鄕監崔容德處爲於橫捉之磚洞趙參判家蘆田舍音金義瓚卽爲放送是矣若有漫漶當別般嚴處矣暢念擧行宜當向事

同日　崔容德處

無他本宮屬金海蘆田自官所納一百結二十負㕚以汝矣身使之全管擧行矣今聞磚洞趙參判家蘆場格外混侵至於該舍音金義瓚杖囚官庭督納文簿云擧行所在寧容若是不勝駭然玆以牌飭爲去乎到卽右磚洞蘆田更勿干涉是矣如是令飭之下復踵前習汝矣身斷當別般嚴處矣暢念擧行宜當向事

請願書

龍洞宮　　色掌

請願人　姜壽賢

年五十

請願人이以本宮色掌으로擧行이온바以黃海道瓮津郡龍威漁化沙串西莊四浦所出石花醢는卽內入饌需이온딕現에該舍音魯聖獜이가有何不測

之心이온지丙申丁酉戊戌三年條石花醢代戔葉四百

兩과己亥春等石花는以本色으로乾沒不納故로自

本宮으로捧侤音後에業已　本廳에捉囚ᄒᆞ엿삽더니

尙無如何之　處分故로玆에仰請ᄒᆞ오니

査照ᄒᆞ옵셔右三年條代錢四百兩과己亥春等石花醢

代錢二百四十兩과宮差來往費一百四十八兩合葉七百八十八兩

一一推下ᄒᆞ야毋至宮納遲滯케ᄒᆞ심을望홈

光武四年一月　日

　　　　請願人姜壽賢

警務使　　閣下

　　庚子正月初八日　中部菜田舍音安善明所志題辭

賣田垈惟在本宮處分耕作無利果係舍音之

汗漫不必較害量利退去息訴向事

　　庚子正月初九日　崔容德處

無他卽見崔處圭供辭則本宮納金海郡蘆稅段

本以自官上納是去乙以　明禮宮監有何相關托本宮

莫重上納擅送于他宮而且所謂裵性佑本宮之曾

所未聞未知者而渠自差送今乃至此發明是於汝矣

身帶去公文何不趁卽到付偏聽誣說遲告　本宮也究

其擧行萬萬痛駭玆以牌飭爲去乎責無訓飭斯速

到付無至上納遲滯之弊宜當向事

庚子正月　日　以魯聖獜放送事　請願　警務廳

庚子正月　日　魯聖祐(聖獜弟)所志題辭[21]

究其罪狀一分殘餘莫可零囑是矣顧念最民有
所矜惻故特爲許施向事

庚子正月卄七日　手本宮內府
右手本爲黃海道甕津郡漁化島等地는卽本宮基址오該島
所納石花醢는係是幾百年莫重正供이온딕前接該島民
訴則內稱本島等地卽係本宮基址而無他弊活只以漁採爲業
以供石花醢上納矣不意昨春海州居金能坤謂以更張
以後本島無關於本宮誣囑觀察府本島所存箭基
付於本府書記廳名之曰都箭主每箭一百十餘兩式徵稅
以去以若矣等之勢莫可防塞況一土地稅豈不抑寃乎伏乞
據報宮內府嚴訓該府所謂都箭主名色永爲勿施金能坤
嚴懲誣囑之習使莫重宮基無至見失矣等各安舊業
以爲奉公之地等因准此查ᄒᆞ오니金能坤之罔念法意ᄒᆞ고莫
重宮基를無難侵奪ᄒᆞ며無告殘民을恣意剝割이究其
所習ᄒᆞ오면誠極痛駭이온지라此若不別般懲創이오며傳來
基址가必無餘地오渙散餘民이無以本供이옵기玆에據枚報
ᄒᆞ오니　洞燭後嚴訓海州府ᄒᆞ시와金能坤爲名者는爲先捉

21 【追記】葉七百八十餘兩內 / 六百兩捧上其餘蕩減

囚嚴懲ᄒᆞ고都箭主名色은卽爲勿施ᄒᆞ야使島民으로依舊安業ᄒᆞ야得錄基址ᄒᆞ고以完宮納게ᄒᆞ심을伏望

庚子二月　日　手本宮內府

右手本爲本宮所管通津郡浦內畓原來築洑作耕矣十餘年前自本郡稱設農商弊築洑於宮庄上後故其時禁防則每年春分後完築宮洑毫無相關於儲水之意斷斷牢納無違遵行矣忽自昨冬無端督納尙不潰決大抵洑上添洑原在法典況莫重宮庄至於廢棄之境豈有如許悖頑之習乎不勝痛駭玆以據實手本爲去乎　府以發訓于該郡該弊築洑卽爲決壞以完宮庄之地爲只爲

同日　通津郡　條牌旨辭意上同

庚子二月　日　完文　千興

右完文爲成給事汝矣所管載寧海倉田畓每年稅錢一千兩上納于本宮者旣自　福溫公主房還退以去是在果今奉

勅旨同上納錢自今爲始永永蕩減更勿侵責于汝矣身故玆以完文成給爲去乎依此遵行以爲日後憑據之地宜當向事

庚子二月　日　甕津郡首書記處

無他本郡所在漁化龍威等島卽本宮基址本島所納石花

醢係是莫重正供而卽接該島民訴則槩稱海州居
金能坤圖囑觀察府本島所存漁箭付之本府書記廳勒
徵箭稅宮基莫保宮納難供況一土兩稅殊極寃枉等
因查此金能坤罔念法意莫重宮基無難侵奪無
告殘民恣意剝割究其行爲殊極可駭此若不別般懲
創基址無餘正供難以進排居民渙散生業無以支保
故將此已飭于觀察府使之禁斷矣到卽告官所謂
都箭主名色一倂革祛使該民依舊安業以供宮納金
能坤者若又來討箭稅爲先捉囚本郡枚報本宮以爲押上
徵辦是矣如或容隱汝矣斷不免其責知悉惕念
擧行形止星火馳報宜當向事

同日　觀察府　條牌子　辭意上同

庚子二月　日　完文　此完文不爲下送

右完文爲成給事黃海道甕津郡漁化龍威島等地卽本宮
基址本島所納石花醢係是幾百年莫重正供而挽近島
樣凋殘侵漁日至水門冷月定掛釣魚之竿海戶清晨
常絶炊作之煙於是乎其民渙散由是而宮納愆滯此
若不別般矯捄民難支保故特軫其情蠲減上納之數使
民來納永祛宮差之弊另成節目以給從玆以往趁期輸
納無或欠數越當各守此規務圖安業以完宮納永久
遵行宜當向事

庚子二月　日　差帖金文龍

無他宮屬蠹島菜田五日耕舍音以汝矣身差定爲去乎上納等節依幷作例着實擧行無至抵罪向事

庚子二月初七日　手本宮內府

右手本爲宮屬慶尙道南海二東面錦山屯稅米卽御供所需每結支定米四十六斗式收捧上納曾是遣來定規矣挽近人心淆薄藉托陞摠稅米亦依結錢例代納頑拒不納稅米原以本色收捧後結錢自本屯輸送于度支部則屯民之徵稅無關陞摠本屯之捧稅亦無增減是去乙該屯民輩罔念　進供之所重專事利已格外生梗豈有如許無嚴之習乎不勝痛駭玆以據實手本爲去乎　府以嚴訓于該郡使之申飭屯民等處期以本色米依舊上納之地爲只爲[22]

庚子二月初八日　手本宮內府

右手本爲忠淸道舒川開也召島田畓從前有導掌名目句檢上納者自陞摠以後因該島民所訴使島民卽納本宮矣愚彼島民罔念矯捄之澤反生無嚴之習莫重宮納無難經歲不容不以金東奎更差導掌下送故玆以手本爲去乎　府以發訓于忠淸南道觀察府轉飭該郡未納之己亥條稅錢三百八十四兩星火督刷無至遲滯

22 【追記】同日　南海錦山屯鄉監金炳禹 / 處傳令　辭意上同

之地爲只爲

庚子二月十五日　手本宮內府

右手本爲本宮所管慶尙道金海郡蘆稅例自本宮派遣宮監收刷者而至於丙申丁酉己亥三年條稅錢九百七十八兩九戔京居韓升鉉以度支部派員持訓令格外推去是乎所自度支部辨覈推尋之際謂以忞有本府照會然後越送云故玆以手本爲去乎　府以照會于該部使之無慮劃送之地爲只爲

庚子三月初七日　手本宮內府

右手本爲本宮所管南陽江主人乃是成劵買置以該主人基址所出鹽乾口文魚鮮等節隨時　進上行之屢十年未當有欠缺之弊矣自甲午以後竟因悖類之作戲稱以無名雜稅尙此拒納以致多年闕　供是乎所今自本宮奉承
勅旨玆以手本爲去乎　府以令飭于各洞浦口主人等處在前未納口文勿施是遣須今以後鹽每石頭葉一錢式依舊例收納是乎矣若有一向頑拒者隨現嚴懲以杜後弊之地爲只爲

同日　傳令各洞各浦口主人等處

無他本宮所管南陽江主人已自本宮成劵買置以該主人基址所收鹽乾口文魚鮮等節隨時　進上矣甲

午以後奸猾之輩冒稱無名雜稅尙此拒納以致多年

闕　供之境究其所爲寧不痛嘆今奉

勅旨玆以令飭爲去乎到卽在前未出口文勿施須今以

後無論某主人某京人鹽每石頭葉一錢式依前例出給

是矣若復踵前習頑拒作梗治以重繩矣咸須知悉

無至抵罪後悔向事

漢江　西氷庫　龍山　三湖　土亭里　東湖

玄湖　西湖

庚子三月廿九日　南海錦山屯所志題辭

支定屯結本無災減之例詑除良身爲監官此等所訴

寔出於挾雜究其所爲殊極痛駭若復再擧汝矣身

別般嚴處矣必以本色米捧納向事

庚子四月初一日　手本宮內府

右手本爲本宮庄土在於慶尙道金海熊川兩邑地界而挽近

民心不古莫重宮庄無難幻弄上納欠縮爲二千餘兩是乎

本宮基址所設漁機漁網每爲無賴輩侵漁作梗甚

至刀割漁綜所入錢二千八百餘兩亦歸之烏有是乎所

此都出於熊川加德居李千福崔永奎趙而敬梁允

敬四漢悖惡之所爲故玆以手本爲去乎　府以訓令

于慶尙南道觀察府四漢捉上嚴懲右兩條錢四千

八百餘兩星火督刷以完宮納之地爲只爲

同日　金海郡首書記處

無他本宮庄土在於本郡鳴旨面新島帳下東面烏訥帳之地而泥生處起墾田土與漁機漁網每多作奸上納愆滯故玆以令飭爲去乎自汝矣郡別定解事吏眼同鄕監本宮基址四標這這踏驗無一遺漏是矣或有頑拒作梗之漢隨現嚴懲稅納等節無敢遲滯不至抵罪之地宜當向事

庚子四月　日　高城郡首書記處

無他本宮所管金剛山神溪寺卽
莊宗皇帝位牌奉　安　祭享擧行之地而餘他寺刹所重逈別是去乙近聞自汝矣郡寺中穀包年年執留勒買歇價僧徒渙散　享需難繼且官隷雜類稱以遊覽出沒無常誅求作弊云紀綱所在原無是理況　願堂　奉崇尊重尤倍前日去乎不勝痛駭玆以牌飭爲去乎到卽執穀與亂類作弊一切嚴禁是矣如是令飭之下若復踵前當奏稟後施以重律矣暢念擧行無至抵罪之地宜當向事

同日　傳令金剛山神溪寺住持僧處

無他本寺卽
莊宗懿皇帝位牌　奉安之地而其所重與他寺刹逈別是去乙近自高城郡寺中穀包年年執留

勒買歇價僧徒渙散　享需難繼爲旂且官隷
雜類稱以遊覽出入無常誅求作弊云
願堂奉崇尊重此前尤倍而豈敢有此毁常之擧
乎聞甚痛駭玆以令飭爲去乎到卽此等所弊一切嚴
禁是矣若復踵前習隨現馳告本宮以爲嚴處之地
宜當向事

庚子四月初七日　手本宮內府
右手本爲宮屬陰竹郡長湖院所在田畓及東西栗本
四屯本以賜牌之地屢百年收穫需用而宮邑量案
昭詳自在是乎矣近因作民輩之挾雜幻弄字號卜
數混雜民結土地日縮膏瘠年低莫重宮庄將
至廢棄空虛不容不改量較正故玆以手本爲去乎
府以訓令于京畿觀察府轉飭該郡使解事吏
依量案所載一一逐庶尺量以完宮庄續繕新
量案以爲入
鑑之地爲只爲[23]

庚子四月　日　手本宮內府
右手本爲本宮庄土가在於東署字內加五里等地而此本
全坪栗園으로年例捧栗　進上矣러니近年以
來로栗木이枯損無過數十株이온즉勢將植木

23 【追記】同日陰竹郡首書記處條牌旨辭意上同

成園ᄒᆞᆸ더니此土가打量年久에境界가紊亂則不可
不趁今改量이오니　洞燭後에卽發訓令于漢城府
使之別定伶利量務人員ᄒᆞ야逐庫踏驗尺量歸
正後自宮下送ᄒᆞᄂᆞᆫ量案을憑准ᄒᆞ야査明歸正ᄒᆞ
되東西四標와字號卜數와作人姓名을昭詳懸錄編
冊上送以爲入
啓之地爲只爲

庚子四月　甕津郡首書記處
無他宮屬本郡漁化龍威西莊沙串四島所納石花醢
係是莫重正供而每因營隷之侵漁舍音之討索京
民之貽害宮納之愆滯殊極可悶故自宮特念民情
舍音差定一款永爲廢止使該島頭民趁當來納
是矣頭民成冊使之繕來火速上送以爲責納上納段
依後錄春秋排定一一知諭島民等處無至違越之
弊是遣擧行形止先卽馳報宜當向事
後錄
春等石花醢九十七甬半
秋等石花醢九十七甬半
生鰒一千一百五十箇
靑角二石
黃角二石

庚子四月十四日　傳令龍珠寺住持僧處

無他汝矣身處馬憑問事玆以牌飭爲去乎星火來待
宮庭無至遲滯之弊宜當向事

庚子四月二十二日　差帖鄭天汝
無他本宮屬中部菜田二坂作人以汝矣身差定爲
去乎耕作上納等節依幷作例着實擧行宜當向事

庚子五月十三日　忠淸南道觀察府首書記處
無他本宮所管舒川開也召島上納愆滯事已有
宮內府訓令是在果訓令上所載金東奎有所不善擧行
以鄭在河新差導掌下送爲去乎到卽轉飭該郡
戊己兩年條及今年條使之星火督刷無至上納遲緩
之弊宜當向事

庚子五月卄二日　陰竹郡首書記處
無他汝矣郡所在本宮屯土中東西栗本四屯今次尺量
是在果至於長湖院所在秋收田畓字號頭緖冒稱糢糊
尙不尺量云此都由本郡擧行之漫漶所致故玆更牌
飭爲去乎到卽另派解事吏査櫛尺量是矣若自
汝矣郡實無可據者發起鄰郡解事吏及長湖
院洞長頭民期卽尺量以爲入
鑑之地宜當向事

庚子五月卄八日　傳令　陰竹屯監官李淡會處

無他東西栗本四屯今旣改量是在果至於長湖院所在
秋收田畓稱以字號之糢糊終不尺量云此非徒
本郡擧行之漫漶亦出於汝矣擧行之不勤者故玆以令
飭爲去乎到卽發起長湖院各洞頭民期於査櫛尺量
以爲入
稟之地是遣西屯連得條與東屯京萬成隱結條成冊
下送也十年條幷爲星火督捧擧行形止卽爲馳報
爲㫌諸葛村前坪踏驗成冊與今年播種早稻秋收畓
斗數落成冊卽爲上送早稻秋收臨時報于本宮待宮
差下去打作是矣如是令飭之下若有違越當別般嚴
處矣暢念擧行無至抵罪後悔向事

庚子五月卄六日　手本宮內府
右手本爲本宮所管黃海道甕津郡漁化島等地所存
箭基海州居金能坤誣囑觀察府仍付書記廳勒
徵箭稅事曾呈手本到付訓令矣更接該島民訴
則內稱本島等地卽係本宮基址而無他弊活只以漁
採爲業亦以本宮箭基所出以供石花醢上納是乎所
右金能坤與孔亨魯兩漢　府訓宮飭無所顧忌本
宮箭基依舊侵奪無告殘民恣意剝割無奈渙散
乃已是如乎則此等蔑法之漢若不別般懲創傳來基址
必無餘地渙散餘民無以奉供是乎只玆以更報爲去
乎　府以嚴訓于海州觀察府孔金兩漢捉囚嚴
懲都箭主名色卽爲勿施無敢侵奪之意措辭轉飭

于該郡使島民得保基址幾百年莫重正供無至闕

供之地爲只爲

庚子六月初八日　手本宮內府

右手本爲金剛山神溪寺卽

莊宗懿皇帝願堂也所重與他寺逈別而春秋節日誕

忌辰諸般　享需曾有劃結而供之矣更張以後還納

該結自寺辦備　享儀不腆萬萬悚惶矣江原道襄陽

郡官屯賭租中五十石劃下本寺特爲年年定例永久遵行

事甚便宜故玆以手本爲去乎　府以書文移于內藏院使之發訓于江原觀

察府轉飭該郡將此知委於本寺乃其當秋收租之時穀

包之精粗斗數之升降自郡另飭俾無生弊之地爲只爲

庚子六月卄日　完文金剛山神溪寺[24]

本寺卽

顯隆園願堂也蓋於

正祖宣皇帝戊申春特下內帑錢三千金寺之南創建齋

宮藏

御書劃五結卜定賜牌以奉享儀

皇若田本寺事體自有所重頒下空名帖三百張以補

殿閣丹靑之資逮至

列聖朝屢用此例猗我

24 【追記】草 / 堂上宅來

大皇帝陛下特憐寺樣之凋殘爲其所係之重大使之修
　葺一新者也自甲午更張以後本結還納于度支部
　莫重
奉享勢將自寺辦備享需之不腆緇徒之所以齎莞
　者也寔今
追崇之儀典於戲盛擧環東土八域頂天履地莫不
　手舞足蹈以至窮山蕭寺尤極感戴而該寺僧竺
　尙最杲兩釋來訴本宮敢將矯捄之策仰以
　體
盛朝崇奉之　旨意俯以憐殘寺供需之力綿俱擧事
　由移照于宮內府內藏院劃下襄陽郡官屯收租中
　每年五十石以爲
誕辰忌辰及四時名節香火之資成給完文歸而藏于
　本寺永久遵行者

同日　襄陽郡首書記處

　無他金剛山神溪寺卽
莊宗懿皇帝願堂也所重與他寺逈別而
誕辰忌辰四時名節諸般　享需曾有劃結而供之矣
　自甲午更張以後本結還納度支部莫重
奉享自寺辦備　享需不腆萬萬悚惶矣今自本宮
　另究矯捄之策仰以體
盛朝崇奉之
旨意俯以憐殘寺供需之力綿擧由移照于宮內府內

藏院本郡官屯收租中每年五十石式劃給該寺以
補　享需之意着爲定式玆以牌飭爲去乎到卽
將此知委於本寺及其當秋收租之時穀包之精
粗斗斛之升降自郡另飭是矣如是令飭之下或有
作奸生梗者當別般嚴處矣暢念舉行無至抵
罪後悔向事

庚子八月十八日
本宮　堂上大監聽令內李掌務鍾德有故代其弟
鍾民出代事

庚子八月　日　手本宮內府　初九日　茶禮
25 右手本爲今此
眞殿第六室　茶禮擧行爲本宮當次故玆以手本
爲去乎所入錢依例上下以爲擧行之地爲只爲

庚子閏八月初六日
內下錢三千兩以神祀條下

庚子閏八月　日　手本宮內府
右手本爲本宮蘆場在於黃海道載寧郡而挽近京鄉無賴輩稱
以蘆場都聚派員無端侵奪無年無之每以　府訓申飭禁

25 【欄外】錢則自 / 宮內府會 / 計院上下

斷矣至於今年此輩復踵前習依舊侵漁則宮庄之損害
有不可形言玆呈手本　府以發訓于載寧郡如或有稱以派
員更侵宮庄者一并捉囚嚴懲永杜後弊俾完宮庄之地
爲只爲

右手本爲本宮所管忠淸道舒川郡開也召島田畓戊戌己亥[26]
兩年條稅錢七百六十八兩滯納事曾已報　府發訓是
乎所自該郡冒稱島樣之凋殘只以一百八十六兩式合三百七十
二兩上納是如臆托頑拒揆以擧行萬萬痛駭玆以手本爲去
乎　府以發訓于該郡右兩年條稅錢七百六十八兩刻期督
刷出給于本導掌鄭在河處無至上納欠縮之地爲只爲

手本宮內府　八月條　申郭山事

右手本爲今春自本宮出財數三千金黃海道遂安大千坊
新種村前坪築垌作畓十石落矣不意今者禹周應爲名
人稱以渠之墓前十餘步無端起閙至於破垌之境原
來垌墓相距稍遠㕙除良設如逼近當初築垌之時何
無一言半辭今於秋成之時有此駭擧禹漢之無難執頉
出於嘗試從此可知此不可尋常置之故玆以手本爲去乎
府以訓飭遂安郡禹漢爲先捉囚嚴懲以杜後弊毁破之
垌使渠不日更築以完宮庄之地爲只爲

26 【欄外】七月條

庚子八月　日　手本宮內府

右手本爲宮屬舊中部後門洞所在菜田三坂卽

內擧行　進上菜田是乎所其舍音本洞居安世明有所不善

擧行汰去後今於指審之際安漢本以不測之心莫重宮田埋

痕沒跡暗耕私槖他人私田指謂宮田無端生梗㐲除良

已多年擧行之菜田忽至烏有之境豈有如許蔑法之漢

乎不勝痛駭玆以手本爲去乎　府以照會警部右安

漢照律嚴懲以完宮田之地爲只爲

手本宮內府　八月條

右手本爲本宮庄土在於全羅道康津郡大波面而例自本宮

派送宮監收穫上納矣挽近人心不古無賴作民輩罔念宮

納之攸重所收租包遷延輸納毎至經歲尙違零條之

未收無年無之揆以民習殊極痛駭玆以手本爲去乎

府以發訓該郡轉飭該作民等處從玆以後斯速來納是矣

若復踵前習者捉囚嚴懲無至宮監滯留之地爲只爲

傳令金剛山神溪寺住持僧處

無他本寺卽

莊宗皇帝　位牌奉安之地而其所重與他寺刹逈別

是去乙近聞無賴雜類稱以遊覽出入無常酗酒雜技送

蚩愚村氓放牛隻於寺門淨界斫松林於洞口道場諸

般作弊無之無之云

願堂奉崇之地　追崇之儀典何等尊重而有此蔑

法毁常之擧乎今此令飭之後若復踵前者隨現馳告
本宮以爲別般嚴處是矣若因循掩過汝矣等當施
以重律矣暢念擧行無至抵罪後悔向事

扶安郡首書記處
無他宮屬本郡宮倉月巖里等地所在田畓收穫次宮
監下送爲去乎作民中或有冒稱海溢拒納作梗之類是
去等依宮監所報這這懲治督捧俾無宮監滯留之
弊宜當向事

同日　古阜　例飭條牌旨

庚子閏八月　日　手本宮內府
右手本爲宮屬庄土在於平安北道博川郡桴垌之地而今
聞無賴挾雜之類稱以預買秋收租欲爲私自打作豈有
如許無嚴之漢乎自宮秋收次別定宮監下送玆敢據
實手本爲去乎　府以發訓博川郡稱托作梗之漢依宮
監所報一并捉囚嚴懲以杜後弊俾完宮庄之地爲只爲

同日　博川郡條牌旨　辭意上同

庚子閏八月　日　手本宮內府
右手本爲宮屬陰竹郡東西栗本四屯所出租包例自本宮
下送宮監收穫者而如近之不古人心或不無作民中沮戲

延拖之弊故兹以手本爲去乎　府以發訓于該郡傳令
嚴飭各屯作民等處俾爲不日督納是乎矣若有頑拒作梗
之類是去等依宮監所報這這懲治督刷無至愆緩之
弊爲只爲

27　　同日　甕津郡　例飭條牌旨　皮稷條

庚子閏八月　日　以昌原事前例手本宮內府

同日　手本宮內府
右手本爲宮屬舊中部後門洞所在菜田卽前來　內入
需用藍田隣里老幼之所共知而其舍音安世明幻弄宮田事
曾呈手本請移照警部嚴懲歸正矣今聞安漢尙不被
捉云故兹更手本爲去乎　府以更照警部右安漢
不日捉致嚴繩其多年隱慝之罪是乎旀宮田今旣索完
之地使安漢更無有討索役粮於宮作人處不至紛拏之弊
爲只爲

庚子九月初八日　手本宮內府
右手爲宮屬慶尙道南海二東面錦山屯稅米卽
御供所需每結支定米四十六斗式收捧上納曾是遣來定
式而挽近人心淆薄藉托陞摠稅米舊結錢例代納頑拒

27 【欄外】庚子閏八月 / 廿二日 / 眞殿失火 / 後問 / 安

不納稅米原以本色收捧後結錢亦自本屯輸送于度支部則
屯民之徵稅無關陞摠本屯之捧稅亦無增減是去乙該屯
民輩罔念　進供之攸重專事利已至於己亥條稅米尙此
拒納豈有如許蔑法之民習乎不勝痛惋玆以手本爲去乎
府以嚴訓于南海郡使之轉飭各屯民等處己亥庚子兩年條
稅米期以本色米督刷以完宮納之地爲只爲

　　庚子九月　日　博川郡首書記處[28]
無他本宮所管本郡桴堈所在田畓導掌朴慶祐窠始自
今年以安德哉禾利秋收次差送是在果到卽在前
任濟墉秋收看檢之宮飭勿施是遣更以安德哉使之
收穫上納無至携貳紛紜之弊宜當向事

　　庚子九月　日　傳令　龍珠寺住持僧處
無他水原振威龍仁等地所在田畓卽
護聖殿　享需位土也其奉享儀典何等所重而墾耕
收穫等節晝宵勤勵期務完全事理當然是去乙況
舍音作人黜陟自本宮句管事已有牌飭是在果聞
自汝矣寺中或係私囑或拘顔私黜陟無常滋起
簸弄莫重　享土將至廢棄之境云豈有如許無
嚴之習乎不勝驚駭玆以牌飭爲去乎從玆以往非有宮
飭地勿擅差是矣如是令飭之下若復踵前斷當施以重

28 【追記】堂上宅來

律矣暢念擧行無至抵罪後悔向事

差帖 振威野幕舍音朴士弘
金巖舍音梁順弼

庚子十月 日 手本宮內府

右手本爲宮屬扶安宮倉月巖里所在田畓收穧次下送宮監矣今聞自本郡不知因何委折捉致該舍音奪取執賭記使宮監不得收刷一邊出送吏屬稱以摘奸作弊多端云世豈有如許無嚴之事乎不勝痛駭玆以據實手本爲去乎 府以嚴辭訓飭于該郡執賭記刻卽出給一任宮監收稅更勿侵漁俾無紛挐之弊爲只爲

同日 差帖 趙昌根

無他宮屬甕津漁化龍威西莊沙串等島舍音以汝矣身差定爲去乎春秋石花醢及各種上納等節着實擧行向事

同日 東署加五里朴致伸所志題辭[29]

宮則據漢城府踏驗成案而督納矣所訴又如是文憑明確特爲頉給向事

29 【追記】栗園事

同日　順成所志題辭上同

同日　陰竹郡首書記處

無他宮屬本屯今秋改量原係宮邑量案之昭詳所載

叱除良已自汝矣郡另發解事吏定界毫無相左之

弊是去乙卽接本屯監官所報則本郡彌勒堂居朴論

先爲名漢搆以挾雜誣訴官庭首唱起閙無端生梗云

豈有如許無嚴之漢乎聞甚痛駭玆以牌飭爲去乎到

卽右朴漢捉囚嚴懲以杜後弊不至漫漶抵罪之

地爲旀

御覽量案星火上送以爲入

鑑之地是遣擧行形止先卽馳報宜當向事

庚子十月十五日夕

神堂成造神祀擧行

庚子十一月　日　手本宮內府

右手本爲宮屬陰竹郡所在屯土已於今春改量定界是乎所

該屯量案宜自本郡趁卽繕呈者以尙此漫漶不得入

鑑事甚惶悚叱除良揆以擧行萬萬駭然玆以手本爲去

乎　府以發訓于京畿觀察府俾爲轉飭該郡該郡首

書記上使嚴懲右量案星火修整上送以爲入

鑑之地爲只爲

同日

宮屬洪州雲川面田畓忽自內藏院捧稅官下來稱以該院

屯土秋收穀包執留不給故所志于該院

庚子十一月　日　差帖　李興雲[30]

無他本宮屬纛島五日耕菜田舍音以汝矣身差定爲

去乎上納等節依幷作例着實擧行無至抵罪向事

庚子十一月　日　金海郡首書記處[31]

無他宮屬本郡所在蘆田已多年無弊收刷上納是在果現

聞無賴輩不知宮納之攸重中間沮戲致有生梗縱罪人

心不古豈有如許無嚴之習乎此必是汝矣郡措束漫漶之所

致故玆以牌飭爲去乎到卽詳查嚴懲以杜後弊是矣惕

念擧行無至抵罪後悔向事

庚子十一月卄八日　手本宮內府

右手本爲宮屬慶尙道南海二東面錦山屯稅米卽

御供所需每結支定米四十六斗式收捧上納曾是遣來

定式而挽近人心淆薄藉托陞摠原定稅米亦依結錢

例代納是如頑拒作梗大抵稅米自本屯收捧後結錢亦自

本屯輸送度支部則屯民之徵稅無關陞摠本屯之捧

稅亦無增減是去乙該屯民輩罔念　進供之攸重專

30 【追記】堂上宅來

31 【追記】趙參判家持去

事利已至於己亥條稅米尙此拒納豈有如許蔑法之
民習是乎旀且以該郡擧行論之創自設屯以後年例下送
宮監開倉後收捧稅米亦是不革之規而近聞該郡猾
吏輩不待宮監下去擅自收捧莫重宮納恣意措縱務
圖挾雜致此生梗揆以擧行不勝痛駭玆以據實手本
爲去乎　府以措辭嚴訓于慶尙南道觀察府及南
海郡俾無該郡復踵前習將此這這曉飭于各屯民等處
己亥庚子兩年條稅米期以本色米春納屯所以完宮納
之地爲只爲

同日　手本宮內府

右手本爲宮屬慶尙道金海郡蘆田一百結二十負稅錢三
百二十六兩三戔刷納次下送宮監爲去乎　府以訓令于該
郡右蘆稅錢趁卽上納無至遲滯之弊爲只爲

同日　梁山蘆田八十結稅錢二百七十兩一戔八卜刷納事
手本宮內府

同日　金海新島鄕監裵衡禧處

無他本島稅錢己亥條二百兩尙此滯納此都由汝矣身擧
行之不勤故玆以牌飭爲去乎到卽己庚兩年條稅錢四百兩
刻期督刷星火上送是矣若復漫漶斷當別般嚴處
矣惕念擧行無至抵罪後悔向事

同日　順天富饒面郷監處

無他宮屬住巖田畓所收租包上納次另定宮監下送爲去乎到卽盡數上納無至遲滯之弊宜當向事

同日　南海錦山屯郷監處

無他本屯稅米收捧次派送宮監是在果到卽着實擧行無至遲滯之弊爲於本屯稅米原來支定以後本無增減之例是去乙至於災減一款寔出於汝矣身挾雜而煽動民心者也再有此訴難免重勘惕念擧行勿致後悔是遣且稅米之擅自本郡收捧者從玆以往一切禁拒宜自本屯依前例開倉捧納無至宮納欠縮之弊宜當向事

용동궁공사책 제3책

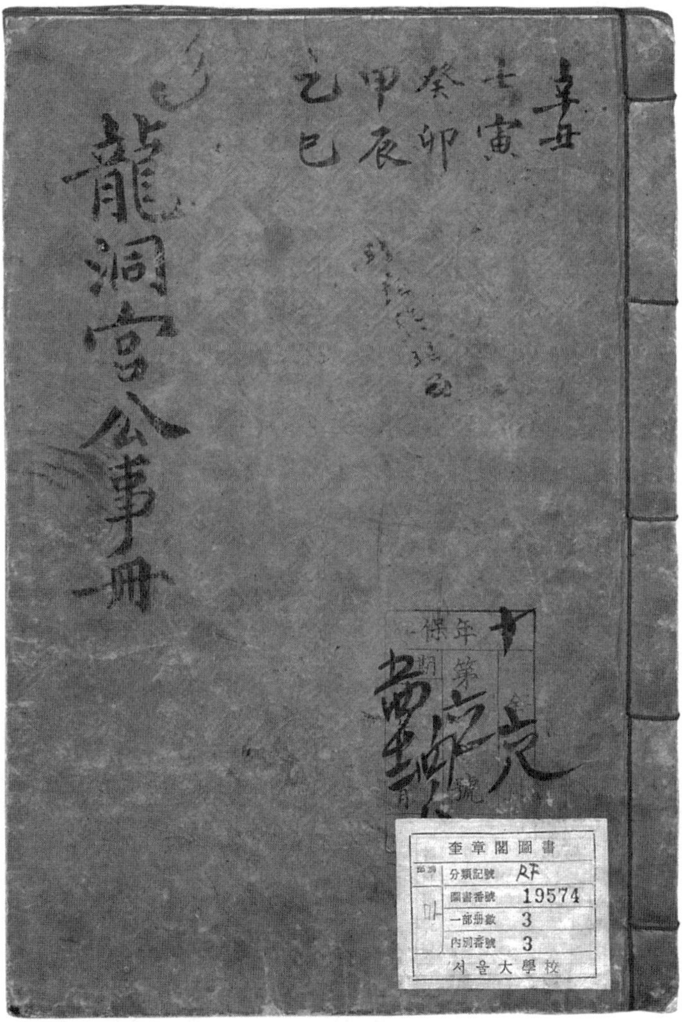
龍洞宮公事冊
辛丑
壬寅
癸卯
甲辰
乙巳
奎章閣圖書
分類記號 RF
圖書番號 19574
一部冊數 3
內別番號 3
서울大學校

1901년(신축)

辛丑二月十二日　手本宮內府

右手本爲宮屬陰竹郡所在屯土已於昨春改量定界是乎

所該屯量案宜自本郡趁卽繕呈者而且有昨冬促發訓于觀

察府是矣尙此遷延不得入

鑒事甚惶悚㐦除良揆以擧行萬萬駭然玆以手本爲去

乎　府以發訓于京畿觀察府俾爲轉飭該郡該郡首

書記上使嚴懲右量案星火修整上送以爲入

鑒之地爲只爲

同日　手本

右手本爲慶尙道南海郡所在錦山屯已屬本宮爲屢百年而

該屯稅米卽

御供所需是乎所不意昨秋內藏院捧稅官謂以龍洞宮自

己亥以後移屬內藏院是如己亥庚子兩年條稅米代錢

沒數劃去爲旀該屯舍恣意斥賣以去是乎則此都由

於本屯都監金鐵健之中間挾雜潛通誣囑致此生梗

者而且本屯稅米一自支定以後更無增減是去乙己亥庚

子條稅米中擅自災減以致宮納之欠縮究厥所爲萬萬

痛駭玆以手本爲去乎　府以發訓于慶尙南道觀察

府使之轉飭該郡右金漢上使嚴懲兩年條稅米代錢與

屯舍斥賣錢災減隱匿錢這這還推出給于本宮宮監

鄭鍾完處亦以此意訓飭于該郡右三條錢斯速還給
于宮監處以完宮納之地爲只爲

同日　所志內藏院

龍洞宮色掌金錫俊白活

右謹陳所志矣段慶尙道南海郡錦山屯已屬本宮爲屢
百年之久而忽於昨秋　本院捧稅官來到本屯謂以龍洞宮
自己亥以後移屬內藏院是如格外橫侵己亥庚子兩年
稅米代錢沒數推去且屯舍任意斥賣以去是乎尼豈有
如許無據之事乎不勝抑菀捧稅官文蹟玆以貼連
仰籲爲去乎　院以令飭于該道捧稅官右兩年稅米
代錢與屯舍斥賣錢一一還給于本宮宮監處以完宮納
之地千萬伏望

同日　所志　內藏院

右謹陳所志矣段本宮納庚子條金海郡蘆稅錢三
百二十六兩三戔果梁山蘆稅錢二百七十兩一戔八卜不意昨秋
本院捧稅官謂以龍洞宮自己亥以後移屬　本院
是如沒數劃去是乎所不勝抑菀玆以仰訴爲白去乎
院以令飭于該道捧稅官右兩郡蘆稅錢還給于本宮
宮監鄭鍾完處以爲上納之地千萬伏望伏望

同日　差帖　姜洪洛

無他本宮屬南海錦山屯都監以汝矣身差定爲去乎

收稅上納等節着實擧行無至抵罪向事

同日

以金海新島庚子稅錢二百兩捧稅官劃去事所志內藏院

差帖　吳錫允

無他本宮所管甕津郡漁化島龍威西壯沙串等四浦舍
音趙昌根汰去代以汝矣身差定爲去乎春秋兩等石花
醢及諸般物種上內等節依前例着實擧行無至抵罪
向事[1]

同日　黃海道觀察府首書記處

無他甕津郡漁化島龍威西壯沙串四浦等地卽本宮基址
該島所出石花醢係是幾百年
內入饌需之供而例自本宮黜陟舍音以爲擧行是遣初無
營邑之所關是去乙近聞該島所存箭基擅付本府書記
廳勒徵箭稅宮基莫保島民渙散正供難繼云大
抵宮基之所重果何如而敢起無前之例致此生梗是喩今
自本宮以吳錫允特定都箭主使之擧行是在果到卽
該島箭稅及一體事項更勿干涉于本府俾島民依舊
安業以爲　進供之地是遣轉飭該郡使之遵此擧行是
矣若復踵前習別般嚴處矣惕念擧行無至抵罪後

1　【追記】庚子十二月條

悔向事[2]

辛丑三月　日　手本　內藏院

右手本爲本宮所管金剛山神溪寺卽

莊祖懿皇帝願堂　享需旣自　本院劃送襄陽

郡官屯賭租中五十石是乎所以十五斗作石出給事曾呈

手本已有十五斗作桶係是前例之題旨是乎乃正租之

二十斗作石原來通行定規䂓除良況乎　享需之不

腆實萬萬悚惶故玆更手本爲去乎　院以令飭于該

郡右租五十石特以二十斗作石逐年劃送是遣至於零

租二百五十斗亦卽劃送以爲　奉享之地爲只爲

辛丑四月　日　手本宮內府

右手本爲本宮所管金剛山神溪寺卽

莊祖皇帝位牌　奉安之地

追崇之後陰曆四月初六日改　題主次今奉

勅旨題主官下送而近聞無賴閑雜之類罔念尊重

酗酒無常云故玆以手本爲去乎　府以訓令于江

原道觀察府俾爲轉飭該郡此等雜類一切禁斷之地

爲只爲　觀察府與襄陽郡以此辭意條牌子

同日　傳令　金剛山神溪寺摠攝僧處

2　【追記】庚子十二月條

無他本寺卽
莊祖懿皇帝　位牌奉　安之地而
追崇之後陰曆四月初六日改題　主次今奉
勅旨題主官下送爲去乎諸般等節着實擧行
是遣且近聞無賴雜類罔念奉　崇之尊重
出入無常酗酒難枝云豈有如許蔑法毁常之擧乎
今此令飭之後若復踵前當別般嚴處矣惕念擧行
無至抵罪向事[3]

辛丑五月　日　手本宮內府
右手本爲本宮庄土之在於嘉山西面黑鴨勝良毛里者
入于江落之後己亥丁酉年泥生時定界尺量爲二十石落
而其後仍爲江落矣近年還爲泥生築垌五六石落而近土
居民輩稱爲私土敢欲私占宮土所爲萬萬可痛玆以據實手
本爲去乎　府以發訓本郡卽爲自官定界還屬于宮
庄若更有稱托私土之弊使之別般嚴治以完宮土之地爲只爲

辛丑五月　日　手本宮內府
右手本爲本宮蘆庄與田土在於慶尙道金海郡鳴旨面新島
及下東面鳥訥津之地而今聞該鄕監裵璋洙所告則上納之
所重宜卽趁當而愚彼作人輩當納稅錢無難頑拒一事
遷延故先報本郡欲懲其習初無如何之官令而作人中裵在

3　【追記】四月十五日改題　主

俊誣訴本郡抑勒宮監莫重宮納恣意簸弄致此越當
極爲悚惘是如云裵漢悖習曾無可論而本郡擧行亦不無責
故不勝痛惋玆以據實手本爲去乎　府以發訓金海郡
右裵在俊促囚本郡督納稅錢爲旀該郡擧行亦懲其習
永杜後弊以完宮納之地爲只爲

辛丑六月　日　手本宮內府

右手本爲黃海道甕津郡漁化龍威沙串西壯四浦等地卽
本宮基址該島所出石花醢及他諸種系是幾百年
內入饌需之供而頑彼島民罔念法意莫重宮納專事
拒納或減半數或至闕供究其所爲萬萬痛駭玆以手
本爲去乎　府以發訓甕津郡使之嚴飭島民等處後錄
諸種依前例進供是遣在前未納條石花醢及諸種依該
舍音吳錫允所告另加督納俾無後弊之地爲只爲

後

春等石花醢九十七甬半

秋等石花醢九十七甬半

生鰒一千五百介

青角二石

黃角二石

辛丑七月　日　手本宮內府

右手本爲本宮所管義州郡所在淸商旅閣已爲給價一千
二百兩買得上納等節使該郡人許錫多年擧行矣卽

接許鍚所報則內開該郡巡校金興國以不測之心無端沮

戲乃至癈止之境而其後自該郡仍付官需任意收捧上納

無路是如乎則大抵自宮給價買得之地巡校之作梗該郡

之私捧抑何無據心術是乎喩聞不勝痛駭玆以據實手本

爲去乎　府以發訓平安北道觀察府使之轉飭該郡以懲

其無據悖習是乎旀亦爲卽訓該郡右金漢爲先促囚嚴懲

其間自官所收條一一査刷還給許鍚處依設旅閣以爲無

弊上納之地爲只爲

同日　義州郡首書記處

無他本宮所管汝矣郡所在淸商旅閣已自本宮給價買置

後上納等節使本郡人許鍚擧行矣今聞本郡巡校金興

國罔知宮納之攸重無端沮戲乃至癈止之境而仍自汝矣

郡付之官需任意收捧云大抵自宮買置之地巡校輩或

有此等作梗直當禁戢以完宮納者而反自本郡故有此擧

以致厥納究其道理萬萬痛駭玆以牌飭爲去乎到卽

右金漢爲先捉囚嚴懲其間自汝矣郡所收條一一還給

許鍚處依設旅閣是遣淸人所賣酒亦收買以爲上納

之地是矣如是令飭之後若復踵前責有所歸矣惕

念擧行之地宜當向事

辛丑七月日　手本宮內府

右手本爲本宮所管高城郡金剛山神溪寺卽

莊祖懿皇帝　位牌奉　安之地而卽接該寺僧所報則

內開本郡之侵漁官隷之討索　府訓宮飭非止一再

崇奉之尊重少無憚忌詑除良且本郡所謂執綱

尊位洞長三名漢付同郡屬捉致僧徒抑勒穀價亂斫

松楸無限討食臆借錢兩諸般作弊此前尤甚此摠由上項

三漢之悖習所致也殘寺僧徒無奈渙散

聖址莫護是如乎則

願堂奉崇之地　追崇之儀典果何等尊重而有此蔑

法乎　府以發訓江原道觀察府轉飭該郡諸般作弊

一切革祛右三漢上使嚴懲莫踵前習以爲依舊奉

安之地爲只爲

　　辛丑五月　日　手本內藏院

右手本爲本宮所管金剛山神溪寺卽

莊祖皇帝願堂而其　享需之典特蒙

稟分已自　本院劃送襄陽郡官屯賭租中五十石以爲

年之定例是乎所現接該寺僧報告則內開　內藏院

上納租原以二十斗作石是乎去乙自該郡訓令仍付於捧稅官只以

十五斗作石出給以至　享需之不腆實萬萬悚惶是如云玆

以據實手本爲去乎　院以命飭于該郡右租五十石依以二十

斗作石逐年劃送是遣至於昨年零租二百五十斗卽爲

劃下之地爲只爲

　　辛丑六月　日　手本內藏院

右手本爲慶尙道金海郡鳴旨面新島所在各鹽田原

係本宮已多年定稅上納者而卽見該鄕監所報則又自
內藏院發訓捧稅一土兩稅非徒寃抑無其島民乃至渙
散莫重宮納緣此逋滯云故玆以據實手本爲去乎　院
以發訓該郡捧稅官卽革疊稅安堵鹽民以完宮納之
地爲只爲

辛丑七月二十日　手本宮內府
右手本爲本宮庄土在於慶尙道金海熊川兩邑地界而挽近民心
不古莫重宮庄無難幻弄上納逋滯錢爲四百兩是乎等本宮
基址新島所設漁機漁網每爲無賴輩侵魚作梗甚至刀
割漁綜所入錢二千八百兩亦歸之烏有則此都出於熊川嘉德居
李千福崔永奎趙而敬三漢悖惡之所爲故玆以手本爲去乎
府以發訓慶尙南道觀察府轉飭熊川郡三漢上使嚴懲
右兩條錢五千二百兩星火督刷以完宮納之地爲只爲

辛丑七月　日　熊川郡首書記處
無他本宮庄土在於金海熊川兩郡地界而挽近民心不古
莫重宮庄無難幻弄每多上納之欠縮而且本宮基址
金海郡新島所設漁機漁網每被無賴輩之侵漁作梗甚
至刀割漁綜網所入錢屢千金歸之烏有斯都出於本郡加德
居李千福崔永奎趙而敬三漢悖惡之所爲云則此等蔑法之
漢不可尋常置之乙仍于玆以牌飭爲去乎到卽右三漢
捉囚嚴懲上納欠縮條二千四百兩果漁機所入條二千八百
合五千二百兩星火督刷出給本宮鄕監裵璋洙處使之不日

上納是遣新島漁機更無侵漁作梗之弊是矣如是令飭之後
若有漫漶當別般嚴處矣惕念擧行不至抵罪後悔向事

辛丑七月　日　利川郡首書記處
無他本郡馬巖葛山加座洞下葛山下郡梁五處等地自本宮
今給準價買置庄土是在果墾耕收穫等節自汝矣郡另
加操速是矣作民中若有作梗者依該舍音所報一一懲治以爲
無弊上納之地宜當向事

辛丑七月　日　手本宮內府
右手本爲今此
眞殿第六室　茶禮擧行爲本宮當次今故玆以手本
爲去乎所入錢依例上下以爲擧行之地爲只爲

辛丑八月　日　手本宮內府
右手本爲本宮所管義州郡所在淸商旅閣該郡巡校金
興國沮戲作梗乃至癈棄之境而其後自本郡該旅閣仍付官
需任意收捧上納無路是如云故曾已報　府發訓矣該郡
府訓宮飭漫不遵行㱏除良該旅閣主人許錫無端捉致
杖之囚之無所不至莫重宮納歸之烏有之境究其擧行不勝
痛駭玆以據實手本爲去乎　府以發訓義州郡卽放許錫
更無自官干涉於該旅閣該郡之其間所收條一一查刷還給
許錫處以爲依設旅閣無弊上納之地爲只爲

辛丑八月十四日　手本宮內府

右手本爲宮屬陰竹郡東西栗本四屯所出穀包卽
御供水剌米例自本宮下送宮監收穫是乎所如近之不古人心
或有作民中沮戲延拖之弊爲於穀包載運出浦時亦不無
本郡防穀執留之慮故玆以手本爲去乎　府以發訓該郡
使之嚴飭各屯作民等處俾爲不日督納是矣若有頑拒作梗之
類依宮監所報這這懲治該米上納時載運出浦依舊擧
行無至執留遲滯之弊宜當向事

辛丑八月十三日　手本宮內府

右手本爲本宮屯土在於全羅道扶安郡宮倉月巖里
等地而今於收穫次宮監下送爲去乎　府以發訓本
郡作民中若有頑拒作梗者依宮監所報這這懲治
督捧無至上納遲滯之弊爲只爲

辛丑八月　日　手本宮內府

右手本爲本宮庄土在於康津郡大波面而例自本宮派送
宮監收穫上納矣挽近人心不古無賴作民輩罔念宮納
之攸重所收租包遷延輸納每至經歲尙違零條之未
收無年無之揆以民習殊痛駭玆以據實手本爲去乎
府以嚴訓該郡俾爲知飭各作民等處從玆以往斯速
來納是矣若復踵前捉囚嚴懲無至宮監滯留之地
爲只爲

辛丑八月　日

甕津例飭條牌旨

辛丑八月　日　手本宮內府

右手本爲本宮庄土가利川郡葛山等地에在ᄒᆞ와秋

收次로宮監을行將下送ᄒᆞᆯ터이온ᄃᆡ各作人處에

도不可無知飭이올ᄲᅮᆫ더러上下葛山洑稅로夤緣

ᄒᆞ와歸正ᄒᆞᆯ事有ᄒᆞ오니將此發訓該郡ᄒᆞ시와

依宮監所報ᄒᆞ야攜貳之端이無케ᄒᆞ심을伏望

辛丑十月　日　手本宮內府

右手本爲宮屬慶尙道南海二東面錦山屯稅米卽

御供所需每結支定米四丨六斗收捧上納曾是遺來定式

而挽近人心不古罔念　進供之攸重專事利已以代錢上納

是如臆托頑拒豈有如許蔑法之民習乎不勝痛惋玆

以據實手本爲乎　府以措辭發訓慶尙南道觀察府俾

爲轉飭該郡是乎旀亦爲發訓南海郡將此曉飭各屯民等處

期以本色米督刷以完宮納之地爲只爲

同日　手本

右手本爲宮屬慶尙道金海郡蘆田一百結二十負稅錢三

百二十六兩三戔果梁山郡蘆田八十結稅錢二百七十兩一戔八分刷

納次下送宮監爲去乎　府以發訓該郡右蘆稅錢趁

卽上納無至遲滯之地爲只爲

同日　手本

右手本爲本宮庄土在於慶尙道金海熊川兩邑地界而本宮基址新島所設漁機漁網每被無賴輩侵漁作梗甚至刀割漁綜本庄上納錢二千四百兩果漁機所入錢二千八百兩幷歸烏有則此都出於熊川郡加德居李千福崔永奎趙而敬三漢悖惡之所致而曾已報　府發訓矣該郡擧行一無檢束故玆更手本爲去乎　府以嚴辭發訓熊川郡三漢捉囚嚴懲本宮基址所設漁機漁網毋敢更侵右錢五千二百兩星火督刷以完宮納之地爲只爲

辛丑十月　日　手本內藏院

右手本爲義州郡所在淸商旅閣已自本宮給價買置後上納等節以該郡人許鎬使之擧行矣卽見許鎬之所報則該旅閣今自內藏院句管上納無路是如云故玆以據實手本爲去乎院以發訓該郡捧稅官更勿侵責以爲無弊上納之地爲只爲

同日　順天富饒面鄕監金貞鉉處

無他本宮庄所收租包上納次下送宮監是在果到卽準數劃給無至宮納遲滯之弊宜當向事

同日　金海新島鄕監裵璋洙處

無他本島稅錢庚子辛丑兩年條四百兩準給下去宮

監處斯速上納無至漫漶抵罪之地宜當向事

辛丑十月　日　手本宮內府

右手本爲本宮屬陰竹郡屯土所出穀包卽

御供水剌餠食米所需是乎所今於收穫上納時或不無各

郡防穀之弊故玆以手本爲去乎　府以發訓左開該郡

所經各浦口載運出浦依前擧行無至遲滯生梗之地

爲只爲

左開

驪州　利川　廣州　楊根

辛丑十二月　日　手本宮內府

右手本爲本宮屬金海郡新島漁機所設已爲多年之

久而今自熊川郡該基址中舊洞最近該郡是如均役廳稅

錢五十五兩與熊川郡稅錢一百兩合一百五十五兩格外督徵侵

漁日至勢將難保云故玆以據實手本爲去乎　府以

發訓熊川郡本宮所管新島基址無敢更侵以完宮

納之地爲只爲

同日　手本內藏院

右手本爲本宮所管金海郡新島鹽田又自

本院疊徵鹽稅事曾報本院已蒙詳查歸正之

題旨故卽派宮監辨覈是矣該捧稅官尙此持詰終不

報來歸正無告島民纏綿兩稅無奈渙散云故玆以

貼連手本爲去乎　院以更訓該郡捧稅官本宮基址無
復侵責以完宮納之地爲只爲

辛丑十月　日　手本宮內府

右手本爲黃海道甕津郡漁化龍威沙串西莊等四浦原系
4 本宮基址該島所出石花醢及諸般物種卽
內入饌需　進供而頑彼島民罔念法意專事拒納沙
串浦今秋所收石花醢四十餘斗漁化島所出生鰒七百箇
靑角黃角等諸種無難闕納是乎旀且前舍音趙昌根
之庚子春秋兩等石花醢未納條九十餘甬及其他生鰒等
諸種尙此滯納究其民習殊極痛駭玆以據實手本爲
去乎　府以發訓甕津郡捉致各島頭民及趙昌根
嚴懲督刷盡數出給于本宮舍音吳錫允處俾爲
斯速上納之地爲只爲

同日　甕津郡牌旨辭意上同

辛丑十一月　日欣巖舍音金景七處

無他本宮納陰竹屯穀包乃是
水刺米進供也其所重果何如而胡不趁卽裝載船
隻以爲及時上納是遣故待晩時氷泊之節是旀且見今
冬暖如春小無凝氷之慮而尙不載運豈有如許無嚴

4　【欄外】漁化龍威九竹浦等地採蛤收稅都監官 / 吳錫允差定事

之習乎究其擧行萬萬痛駭玆以牌飭爲去乎到卽

積置穀包星火載運是矣如是令飭之後若復漫漶

當別般嚴處矣惕念擧行無至抵罪後悔向事

辛丑十月　日　舒川例飭手本宮內府[5]

5 【追記】三百八十四兩

1902년(임인)

壬寅正月十三日手本宮內府

右手本爲忠淸道結城郡所在本宮庄土收穫上納次下送

宮監矣該郡冒稱防穀所收穀包四十七石執留不運以

致宮監之愆滯故玆以手本爲去乎　府以發訓忠

淸南道觀察府俾爲轉飭該郡該穀包不日上送以完

宮納之地爲只爲

同日　手本

右手本爲平安道中和郡所在本宮田土本以定賭地刷

納木花以供

內入之需是乎所無論某庄土一定賭地後結錢例自該

作人等擔當者而今於各作人輩罔念法意該土加結錢年

年徵出於該舍音將至難保厥納之境是如乎故玆以

據實手本爲去乎　府以發訓中和郡使之申明嚴飭

各作人等處從今以後加結錢一款更勿責納於舍音以爲

無弊上納之地爲只爲

同日　陰竹郡首書記處

無他長湖院所在賭地與田畓京居金重煦處自本宮

給準價買置是在果自汝矣郡各別申飭于各作人

等處使之着實擧行是遣辛丑條秋收與賭地

穀包一一刷納不日上納之地宜當向事

同日　傳令陰竹屯監官李俊會處

無他本宮納春精米與豆大等穀包以其氷釋之日

卽爲載運上送無至宮納之愆緩是遣長湖院所

在金重煦田畓與賭地自本宮給準價買置是在

果秋收賭地穀包及昨年秋收看人留粮條五石

還爲捧刷于舊舍音處是矣若有未收者這這督納

于作人等處以爲不日上納之地宜當向事

壬寅正月卄五日　手本宮內府

右手本爲本宮所管高城郡神溪寺卽

莊祖懿皇帝位牌奉安之地而卽見該寺摠攝僧報告

則內開不知何許愚氓暗葬二塚於　封山定界之內是乎

所事當卽地掘去是乎乃以僧徒之殘力莫能自抑是如

乎故玆以據實手本爲去乎　府以發訓高城郡

使卽掘去莫重　崇奉之地更不有此等無嚴之弊

爲只爲

同日　傳令金剛山神溪寺摠攝僧處

無他本寺卽

莊祖懿皇帝　位牌奉安之地而今聞何許愚氓莫念

尊重暗葬數塚於封山定界之內云　崇奉尊重果

何如而敢有此等無嚴之事乎不勝悚惶玆以牌飭爲

去乎到卽堀去宜以淸淨道場是矣再有此等之弊自汝矣寺中先卽掘去以杜後弊是矣若有汗漫汝矣等斷當施律矣惕念擧行無至抵罪之地宜當向事

壬寅二月卄三日　完文利川上葛山頭民等處

右完文爲成給事導水灌漑以備旱憂農政之急務也特自本宮築洑于下葛山得以農家耕墾刈穫之便利而亦須隨灌收稅充納宮用以爲公私兩全之方策也上葛山農民輩每艱旱災願納水稅均沾灌漑之澤是如聯名齊訴故依民願許施者而愚彼土民恬逸於好舊惡新之習慣灌水時或不無紛競之弊故另設兩水門於上後更置洑監官灌水收稅等節到底檢束以便均農之意成完文以給永久遵行事

同日　傳令上葛山頭民等處辭意上同

同日　完文馬岩下郡梁上下坪頭民等處

右完文爲成給事導水灌漑以備旱憂農政之急務故特自本宮築洑于下葛山得以農家耕墾之便利而亦須隨灌收稅以爲公私兩全之策寔出於爲民旱乾艱虞之意然愚彼土民恬逸於便舊厭新之習慣灌水時或不無紛競之弊故另設兩水門於上後更置洑監官灌水收稅等節到底檢束以便均農之意成完文以給永久遵行事

同日　傳令馬岩下郡梁上下坪頭民等處辭意上同

同日　傳令下葛山頭民等處

無他本宮所管下葛山築洑蓋焉爲其農家耕墾便利
且須隨灌收稅以爲公私兩全之方策而土民習慣恬逸於便
舊惡新灌水時或不無紛拏之弊故另設兩水門於上後
更置洑監官灌水收稅等節至底檢束使之均農是
在果如是令飭之下若有頑拒者當施以重律矣各須知
悉無至抵罪後悔向事

同日　利川郡首書記處

無他本宮之築洑于下葛山者蓋爲其農家耕墾便利
亦須隨灌收稅以爲公私兩全之策而愚彼土民以好舊厭新之
習灌水時或不無紛拏之弊故玆以牌飭爲去乎到卽
曉飭上下葛山馬岩下郡梁上下坪頭民等處無至生
梗抵罪之地宜當向事

下葛山洑主李仲善
上葛山洑主鄭壽連
下郡梁上下坪洑主兼舍音金相集
馬岩洑主鄭淸之
　　舍音金相準

壬寅二月　日　手本宮內府[6]

右手本爲本宮庄土在於長興郡府東熊峙等地而邑

屬輩不知農務之爲何事强圖作人名色不自耕作移
給他人坐分其利或有自農者不勤耕作每當秋
捧專事拒納而其中朴亨彬者尤爲懶農故昨
秋宮監下往時改差作人矣今聞朴漢憑藉本宮
禁止新作人渠欲依前耕食云世豈有如許完悖之漢
是乎旀且熊峙監官任在有者身爲監任符同作人
金瑞允金聖五尹甫殷等三漢稱以災歲濫捧勒
脅諸作人至於起鬧之境如此悖惡之類不可尋常
置之玆以據實手本爲去乎　府以訓飭長興郡
朴亨彬爲先除汰任在有金瑞允等四漢一併捉
囚照律嚴懲以杜後弊之地爲只爲

壬寅三月　日　傳令上葛山洑主鄭壽連處
無他本宮洑庄修築一事卽汝矣之擧行不必申複而任
置錢一千兩精略支撥以爲竣役若於修築之後因灌漑
而有所持詰之端非徒該民之懲習汝矣斷當先以嚴
繩矣知悉愓布諭各作人使之和同均漑無或傾戛
至於收稅之際各別幹檢無至抵罪後悔向事

同日　下葛山洑主李仲善處
無他汝矣本宮舍音擧行者爲多年于玆而每以上下
葛山洑下諸作人之携貳有所爭端矣至於昨夏亢旱

6　【追記】自千興家來

之隊汝有捧價賣水之事宮所稔知不無參量到今
含忍及夫今春上葛山民人等以分水納稅之由來願本宮
故依所願成冊後方將派送宮差使之築洑修補以爲均漑
矣卽聞該差回告則汝矣符同鄭文五爲名人煽動諸
民倡出異論以致停役之境云蓋以事理言之汝是積年
幹檢之地其所董役宜倍他民乃反沮戱致此傾戞
是何悖習況鄭文五者渠以無關之事看作奇貨中間
鼓煽亦何心術推究事體不覺痛鄭卽當押上懲
習姑觀來頭先玆牌飭到卽諭飭于各作人使之依成冊
遵行無或岐論至若洑役必永親幹事以爲不日告
竣如復生弊使莫重宮庄以至廢棄之境汝矣及鄭
文五斷當押致京司按律定罪以示重宮土警民習之
意知悉惕念無至抵罪後悔亦將此由輪飭于鄭文五
處宜當向事

壬寅三月　日　舒川郡首書記處

無他本宮屬本郡開也召島辛丑條稅錢文三百八十四
兩收刷次宮監下送爲去乎到卽星火督納無至遲滯
之地宜當向事

壬寅五月　日　手本宮內府

右手本爲本宮所管南陽江主人所收鹽口文卽奉承
勅敎以爲
內入魚鮮饌需之供而鷺湖居安福汝朴基俊兩漢罔

念　進供之攸重頑拒不納故玆以後錄手本爲去乎
府以文移于警務廳右兩漢捉囚徵納俾爲無弊
進供之地爲只爲

後

安福汝七十一兩 ┐
朴基俊一百一兩八戔 ┘ 合一百七十二兩八戔

壬寅五月　日　差帖金應洙
無他本宮屬海州郡所在洑監官與舍音以汝矣身
差定爲去乎收稅上納等節着實擧行無至抵罪
向事

壬寅五月　日高城郡首書記處
無他本郡金剛山神溪寺卽
莊祖懿皇帝位室奉安之　願堂而所重與他逈別矣佛
輦儀仗祭器各項等件間久癈止趁未造成自
上特命本宮一新製造今玆輸送到卽自本郡這這
照檢付任本寺使之恪勤守護是矣倘或閑雜之類
莫知攸重無難侵漁以致滋弊之端別般禁戢某底
庇護是遣今此各樣物品到達後擧行形止先卽馳報
宜當向事

壬寅五月　日　完文神溪寺
右完文爲成給事金剛山神溪寺卽我

莊祖懿皇帝潛邸時原堂也往在庚子追　崇之後自

襄陽郡官屯租內藏院上納中每年五十石劃下本寺以

奉　祭享需米此是當年八月事也又於辛丑

上命派中使四月十五日巽時改

題主奉安後劃下　祭需錢三千金此是當年五月事

也今於壬寅三月自

上特下　祭器佛輦等件昭載左開猗願盛哉

皇帝陟降諸佛呵護

聖春隆重殘寺復完勉汝緇徒上體　盛意克勤克

奉永垂勿墜自本宮玆以成完文俾爲千萬歲遵

行者

金剛山神溪寺

龍船殿祭器件記

水剌器

茶大接

羹器

匙接

匙箸　　各一

湯湯器　　五

餠果器　　二

糕餠器　　四

錚盤　　二

大接是　　十五

中接是　　二十五

小接是	二十一
樽缸	一
龍頭掬只	一
漆酌器	一
盞具坮	二
龍頭香爐	
香盒	
燭坮	
龕室	
龍床轎倚	
御盞	各一
屛風	二
花紋席	三
遮日	
佛輦	
引路王	各一
輦莊嚴	八十五乭
淸道旗	一雙
紅巡視旗	一雙
靑巡視旗	一雙
紅令旗	一雙
靑令旗	一雙
紅紗籠	一雙
靑紗籠	一雙

槐木櫝　　二坐

水原龍珠寺

檜花亭舍音　李白觀　野幕舍音　朴士洪

金岩舍音　　梁順弼　二灘舍音　金長祐

章州舍音　　文性弼　龍仁舍音　睦

赤峰里舍音　張洪根

壬寅五月　日手本宮內府

右手本爲今此

眞殿第五室　茶禮擧行爲本宮當次故玆以手本

爲去乎所入錢依例上下以爲擧行之地爲只爲

壬寅五月　日　傳令金剛山神溪寺摠攝僧處

無他挽近寺樣凋殘緇徒莫保云故數軫矯捄之方

每年　進上時所納中繩鞋段永爲蕩減是在果

將此佈喩本寺向事

壬寅五月　日

依鄭大熟所訴楊州牛耳宮田半日耕以鄭民田一日

耕相換題辭　顧念民情特爲許施向事

壬寅五月　日

黃海道海州花陽坊五里居金應洙訴志題辭

本宮屬海州斗山所在兩洑自本宮已多年修葺者而縱

云民情之悶迫不待本宮處分之如何豈敢遽爾擅
便乎固當按法懲習是矣第觀來頭姑爲安恕仍以
汝矣身洑監官與舍音差定也上納等節一依宮監指揮
擧行向事

同日　海州花陽坊四五里洑畓作人等處
無他本宮所管該坊舊洑今旣修築而以本坊五里
居金應洙別定洑監官是在果灌漑水稅之節
一從該監指揮擧行無至違越抵罪之地宜當向事

壬寅七月　日　安山郡首書記處
無他本宮屬安山仍火面西禮佛畓七斗落果仙府洞
畓一石十四斗落舍音印士範今聞身云故玆以牌飭爲去乎
到卽自汝矣郡詳細逐麃俾無遺漏之弊是遣
賭牛一隻亦推于印士範家出付下往宮差不至相
左抵罪之地宜當向事

同日　差帖洪鍾元
無他宮屬安山仍火面西禮佛仙府洞所在田畓舍音以
汝矣身差定爲去乎收穫上納等節着實擧行
無至抵罪向事

壬寅八月　日手本宮內府
右手本爲本宮所管安山仍火面所在田畓舍音印士範

敢生不測之心符同該面尊位莫重宮庄以僞造文劵
無難幻弄乃至廢棄之境是乎旀且賭牛一隻暗賣
私槖仍爲自斃是乎所玆以據實手本爲去乎
府以發訓該郡賭牛價必以印漢之家舍充納尊位與
竊買宮庄諸漢一并捉囚嚴懲以杜後弊之地爲只爲

壬寅九月　日　安山仍火面古棧里洞頭民等處
無他本宮屬本面所在田畓收穫上納等節自前委任
作人擧行矣到今或不無年久弊生之慮故今年爲始
自本宮特派宮監下送是在果將此申飭作民等處
收穫并作無弊上納之地宜當向事

同日　手本宮內府
右手本爲今此
眞殿第四室　茶禮擧行爲本宮當次故玆以手
本爲去乎所入錢依例上下以爲擧行之地爲只爲

同日　手本
右手本爲本宮庄土在於全羅道康津郡大波面而秋
收次下送宮監者而挽近人心不古或不無沮戱延拖之
弊故玆以手本爲去乎　府以發訓該郡作民中如有頑
拒作梗者嚴懲督刷無至宮納愆滯之地爲只爲

同日　手本

右手本爲宮屬全羅道扶安郡宮倉月巖里等地

所在田畓秋收次下送宮監故玆以手本爲去乎　府以

發訓該郡作民中若有拒納作梗者懲治督刷無至

宮納愆滯之地爲只爲

同日　甕津郡例飭條牌旨

同日　傳令龍珠寺摠攝僧處

無他振威　享畓舍音朴士弘原自本宮成給差帖

者也初無憑據藉托舍音之張鳳鉉卽爲勿施以

朴士弘仍舊舉行是遣寺印之新舊送交一遵

管理署令訓施行宜當向事

壬寅九月　日　利川郡首書記處

無他宮屬庄土在於本郡上下葛山下郡梁馬岩等地而

現以秋收次下送宮監玆以牌飭爲去乎到卽輪飭于

各該庄該作人處打租與收稅等節這這趁納無或

遲延遺漏若或頑拒不遵先自本郡捉囚嚴繩是遣

舉行形止卽爲馳報宜當向事

壬寅十月　日

昌原例飭手本

壬寅十月卄六日　手本宮內府

右手本爲本宮屬黃海道安岳郡遠城坊所在新蘆

場結錢自陞摠以後依年例二百九十九兩式出稅矣忽於今者

自本郡稱托加結該結錢加添三倍以九百兩徵納是如

星火督促云故玆以手本爲去乎　府以發訓該郡

今年結錢依度支加結例此捧無至格外濫徵俾

免舍音橫侵之地爲只爲

壬寅十一月卄三日　順天郡首書記處

無他本宮屬本郡富饒面所在田畓收穡下送宮監玆以牌

飭爲去乎到卽知飭各作人等處收稅等節這這趁納是

矣若或頑拒先自本郡捉囚嚴繩以爲斯速上納之地宜當向事

同日　手本宮內府

右手本爲宮屬慶尙道金海郡蘆田一百結二十負稅錢

三百二十六兩三戔果梁山郡蘆田八十結稅錢二百七十兩一戔八卜

刷納次下送宮監爲去乎　府以發訓該兩郡各蘆

稅錢趁上納無至遲滯之地爲只爲

同日　傳令金海新島鄕監裵瑋洙處

無他本島壬寅條稅錢文二百兩收捧次宮監下送爲去乎

到卽斯速上納無至漫漶抵罪之地宜當向事

同日　手本宮內府

右手本爲宮屬慶尙道南海二東面錦山屯稅米卽

御供所需每結支定米四十六斗式收捧上納曾是遺來
定式而挽近人心不古罔念　進供之攸重專事利已
以代錢上納是如臆托頑拒豈有如許蔑法之民習乎不
勝痛惋玆以據實手本爲去乎　府以發訓慶尙
南道觀察府俾爲轉飭該郡是乎旀亦爲發訓南海
郡將此曉飭各屯民等處期以本色米督刷以完宮
納之地爲只爲

壬寅十一月　日　利川郡首書記處
無他本宮庄土在於本郡上葛山等地而春以民願新築洑
庄及夫秋成依成冊無弊收賭矣今聞宮監所告則該作人
中鄭成甫者敢生携貳之端修洑之鋪幷爲毁破收賭
之斗謂以太大洑堰兩邊播耕牟麥使不得濬洑該
下所在渠畓藉托京宰宅搆訴本郡云大抵該民未知
如何悖類罔念宮庄之攸重不顧衆民之所願右袒沮
戲前後作梗罔有紀極如此者依若不別般發戢
圍網無以振民習難以治言之及此痛歎極矣到卽
該鄭漢火捉牢囚所破鍤子七柄價這這推捧所耕兩處
一幷削去藉端誣訴之習捧招報明以爲文移法司按
律懲辦宜當向事

壬寅十二月初一日　傳令南海錦山屯鄕監姜洪洛處
無他本屯稅米刷納次宮監下送是在果到卽火速擧行抹
有遲滯是遣且本郡之格外擅捧作民之無前拒納隨

現馳報爲旀宜自本屯依前開倉捧納無至宮納欠縮

之弊宜當向事

壬寅十二月初四日　手本

右手本爲本宮屬中和郡石好面田土所出木花從前一

定賭地收納以供

內入之需是乎所該庄結錢宜自該作人輩擔當者而

愚彼村氓罔念法意加結錢每欲徵出於該舍音勢將

難保故玆以據實手本爲去乎　府以發訓中和郡使

之申明嚴飭各作人等處新舊加結錢例爲作人等擔徵

更勿責納於舍音以爲無弊上納之地爲只爲

1903년(계묘)

癸卯正月　日　手本

右手本爲本宮庄土在於昌原郡之地而屢百年無弊收穫上納矣忽於再昨秋玄相國稱以內藏院派員下來南面加音亭里作民金已發所耕浮字謂字畓五斗落誤錄執稅而昨秋派員朴秀萬又爲下來大舫里居朱每心所耕操字畓三斗落稱以前統營廳畓亦爲執稅每斗落七八斗式抑勒奪去世豈有如許無法之事乎所謂派員年年換差百弊層生莫重宮庄將不知何境故玆以手本爲去乎　府以發訓慶尙南道觀察府轉飭該郡該派員之無據徵稅一切勿施以完宮庄之地爲只爲

癸卯正月　日　手本

右手本爲本宮屬昌原屯土系在累百年無弊收穫矣忽自本郡該書員輩稱以統屯每斗落七斗式責納作人等處所收租包抑勒奪去豈有如許無嚴之事　府以發訓該郡此等挾雜之類捉囚嚴懲所奪租包卽還宮覽爲斯速上納是遣擧行形止先卽馳報以爲憑據之地爲只爲

癸卯正月二十八日　手本

右手本爲本宮所管金海郡新島鄕監裵璋洙報告
內該島居朴在勳本以悖類付同郡屬多發校卒入
島作弊無所不至浮費錢爲七百餘兩而且島民輩觀望
効嚬由是而稅納愆滯是如云故茲以手本爲去乎　府以
發訓金海郡右朴漢爲先捉囚嚴懲浮費錢七百餘兩
與積年滯納條這這督刷出給宮監處以完宮納之
地爲只爲

同日金海郡新島頭民等處
無他挽近民心不古原供正稅無難頑拒以致上納之愆滯究
其民習殊極痛駭茲以牌飭爲去乎到卽申飭各作人等處
俾爲趁期來納是矣若復踵前汝矣等當施以重律矣
惕念擧行無至抵罪後悔向事

帖文　崔振翼
　　　趙性明
無他本宮屬熊川郡舊洞漁條所在庄土已多年無弊
收稅上納是在果或有派員等侵漁之弊將此憑準
是遣先卽馳報本宮宜當向事

癸卯二月初七日　手本
右手本爲本宮所管高陽已浦面法串前坪所在庄土原以
分標定界已多年收穫上納矣江落泥生處多有他
人之侵犯標內由是以失址夥然若此不已莫重宮庄將至
烏有之境故後錄四標茲以手本爲去乎　府以發訓高

陽郡眼同解事使標內基址尺量推覔以爲復完宮庄之地爲只爲[7]

四標

東法秀山　西孝昌園位土　南大江　北浦邊

癸卯二月　日　手本

右手本爲本宮屬安山郡仍火面古棧里庄土所收租包中五石該舍音朴元實趁不上納故屢有宮飭尙此頑拒究其擧行不勝駭然玆以手本爲去乎　府以發訓安山郡右朴漢嚴懲督捧以完宮納之地爲只爲

同日　陰竹屯監官李淡會處

無他見今江水快通本屯穀包奚不運上是喩到卽火速納上是遣且今年爲始收納洑稅補充巨費之處則敎是故玆以令飭也知委各洞頭民等處洑下灌水畓之斗落與作人這這修成冊上送是遣如有頑拒簸弄者馳報本宮以爲憑處之地是矣無至携貳抵罪之弊宜當向事

同日　碩巖舍音金景七處

無他陰竹屯穀包今於上納之時必以堅固船隻裝載快送是遣在前零條米四石幷爲上送無至漫漶

7　【追記】首書記處條牌旨辭意上同

抵罪向事

同日　舒川郡開也召島居民等所志題辭

特念民情姑爲許施是遣完文段第觀來頭擧行成

給向事　減二百兩

癸卯二月　日手本宮內府

右手本爲宮屬陰竹郡庄土原自本宮築洑起墾灌漑耕作

者而每年修洑費爲屢千金之多是乎因此洑所注者幾

十石之廣庄而至於宮庄只不過一二石落其餘盡屬私庄

是乎則大槪築洑之本意以備旱虞之方策亦爲公爲私

之切務者也及今宮庄之所收零星若不收納洑稅逐年

築洑之巨費莫可辦出故自本宮　奏察後玆以

手本爲去乎　府以發訓陰竹郡俾爲知飭各洞頭民等處

始自今年依他洑例這這納稅是矣如有頑拒作梗者一倂

嚴懲俾無後弊以完宮庄之地爲只爲

癸卯四月　日　長興郡首書記處

無他宮屬本郡所在畓昨秋零在租包今將船運上

來是如乎出浦裝載之際如或有執頉侵漁之弊是去

等依都監所報這這禁斷俾無遲滯晩時之地宜當

向事

癸卯四月　日　傳令陰竹屯監官李淡會處

無他本屯洑收稅事旣爲令飭是在果稅則一款固當
依他洑例準納是矣有所參量而顧念民情最先灌之
上坪每斗落二斗中坪一斗五升式待秋成這這收納是矣
將此申飭俾無一民不知之弊是遣汝矣身亦惕念擧行
不至漫漶抵罪之地宜當向事

同日　傳令龍珠寺摠攝僧處
無他水原郡所在　祭享畓作人事已有宮飭而今此誣
告非徒汝矣寺中之作奸寔出於　陵屬輩簸弄勒
討之所以然云故不勝痛駭玆以牌飭爲去乎到卽以李圖
永仍舊擧行是矣再有此擧當別般嚴處矣惕念
擧行無至生梗抵罪向事

癸卯四月　日手本宮內府
右手本爲宮屬鰲川郡開也召島壬寅條稅錢文三百八
十四兩刷納次宮監下送爲去乎　府以發訓該郡右稅
錢趁卽上納無至遲滯之地爲只爲

癸卯六月　日黃海道觀察府首書記處
無他道內甕津郡龍威漁化沙串西莊等四浦原系本宮
基址該島所出石花醢卽屢百年　內入饌需之供
而今聞稱有　宣禧宮宮監者謂以該宮收稅莫重宮基
無端侵漁島民難保正供莫繼云故玆以牌飭爲去乎
到卽轉飭該郡此等挾雜之類一切嚴斷俾島民依舊

安堵以完宮納是遣擧行形止先卽馳報以爲憑處之地
宜當向事[8]

癸卯六月　日差帖吳錫胤
無他甕津郡漁化龍威沙串西莊四浦旅閣收稅都監
官以汝矣身差定爲去乎上納等節着實擧行向事

同日　四浦島民訴志題辭
依所訴令飭海州府與本郡而亦有　宣禧宮傳令是在
果旅閣收稅等節俾四浦都監官吳錫胤全管擧行
無弊上納向事

癸卯七月　日金海新島頭民等處
無他本宮屬本島鄕監裴瑋洙原以不測之漢非徒
本島上納之欠逋本宮之各處所納錢都聚乾沒者合爲
一千七百兩之多豈有如許無嚴蔑法之漢乎嚴懲次爲先
汰去是在果今年爲始本宮上納一款待本宮京監下
去這這出給無至携貳生梗之端是矣如是令飭之後
若有漫漶別般嚴處矣惕念擧行無至抵罪後悔
向事

金海郡條牌旨辭意上同

8　【追記】甕津郡牌飭辭意上同

癸卯七月初九日　手本宮內府

右手本爲本宮前奴子張千龍現入警衛院巡檢是
乎所該漢本以悖類突入宮庭亂打宮屬惹鬧行惡
無所不至亦非止一再自本宮不得擅便玆以據實手本爲
爲去乎　府以訓令于警衛院右張漢按法嚴懲以杜
後弊之地爲只爲

癸卯八月　日

扶安例飭條牌旨　古阜例飭條牌旨

癸卯八月　手本　宮內府

右手本爲今此
眞殿第二室　茶禮擧行爲本宮當次故玆以手本
爲去乎所入錢依例上下以爲擧行之地爲只爲

同日　手本

右手本爲宮屬長興郡所在屯畓作人差汰之際自此有
視其勤漫措處與本郡初無以關者而挽近自本郡
此等事每多干涉之端宮監上來之後偏聽吏民
之訴移作於不實之人土地或至陳廢賭租隨以愆滯
至於今年稱之以新設砲軍接濟之方擬以屯畓移作使之
耕食之意申飭申飭都監云若此施行則莫重將未免
賭租難捧欠縮之境故玆以據實手本爲去乎　府以訓
飭本郡屯畓作人黜陟等事切勿干涉吏民間賭租愆納

之漢一幷懲治督捧以爲宮庄支保之地爲只爲

同日　南海手本

鄕監處例飭條牌旨

同日　手本

右手本爲宮屬陰竹郡東西栗本四屯收穫次派送宮監者而該屯土原自本宮築洑起墾之地自今年爲始因此洑灌漑之移庄收納稅錢略濟其逐年築洑費之意已發訓飭是乎只玆以手本爲去乎　府以發訓陰竹郡秋收租包與洑稅這這趁納矣或遲延若或頑拒懲治督刷以完宮納之地爲只爲

同日　手本

右手本爲宮屬黃海道甕津郡漁化龍威沙串西莊四浦原係本宮基址該島所在石花醢屢百年內入饌需之供而嚮者　宣禧宮收稅名目有所派員之侵漁故卽付宮飭與該宮傳令于該觀察府及該郡使之禁戢矣自觀察府有何委折而掩置公文又自　景祐宮如前勒稅侵漁日至島民難保正供莫繼是如乎只玆以據實手本爲去乎　府以措辭嚴訓該觀察府使之轉飭該郡又爲發訓該郡此等挾雜之類一切禁斷俾島民依舊安堵以完宮納之地爲只爲

同日　高陽郡首書記處[9]

無他本宮草場在於本郡已浦是如今見該導掌所訴則昨年分近地下民等各自起墾當歉無穫以至宮納邑結之白徵是如乎至於今年各保主及作人專事元畓則顧起墾處全坪陳荒將何以兩稅排納乎申飭該作人等處逐廛踏驗依所出分排徵納故如是訓飭也到卽告于汝矣官家卽爲發令于各作人處爲於擇定伶俐校卒眼同此去宮差該導掌不日執刷所出俾完公納爲於徵刷成冊修正上送宜當向事

同日　朴泰範處

無他本宮屬高陽已浦面導掌辛允求代以汝矣身差帖成給爲去乎上納等節着實擧行爲於傳子孫任意區處向事

癸卯十月　日　手本

右手本爲本宮庄土在於黃海道平山龍川坊之地而多年無弊收穫上納矣忽於今者所謂面任輩罔念宮庄之攸重敢起無前之例稱以結後錢名目結錢每兩頭一錢式臆托責納於舍音云豈有如許無嚴無據之事悶甚痛駭玆以手本爲去乎　府以嚴訓該郡各面任之橫討一切禁戢該庄結錢自本宮輸送度支部以完宮納之地爲只爲

9　【追記】堂上宅來

同日　手本

右手本爲宮屬陰竹屯土屢百年收穫上納之地而該
庄中栗屯所在京石山宗名下沓忽稱警衛院庄土所謂該
院舍音郭慶植稅租中一斗零無端拒納以致遷延
若此不已則莫重宮庄將至烏有之境故玆以據實
手本爲去乎　府以訓飭于該院無據橫侵之郭慶
植一切嚴斷右稅租火速來納以完宮納之地爲只爲

同日　手本

右手本爲本宮所納黃海道甕津漁化龍威等島所
出石花醢卽屢百年
內入饌需之供而今於載運上納之際無前應例之
本府收稅錢一兩六戔果　耆老所口實錢　兩二戔無
據責納故兩處標紙粘連手本爲去乎　府以文移于
耆老所格外徵稅錢一兩二戔卽爲越送本宮　本府
條一兩六戔亦爲輸送以爲無弊　進供之地爲只爲

癸卯十一月　日手本

右手本爲平安島中和郡所在本宮田土原定賭地收納木
花以供
內入之意是乎所無論某庄土一定賭地後結錢例自作
人等擔當者而該作人輩罔念法意該土加結錢年年責
徵於該舍音將至難保闕　供之境是如乎故玆以手
本爲去乎　府以發訓平安南道觀察府使之轉飭

該郡又爲發訓該郡俾爲申明嚴飭各作人等處結錢一款
更勿責納於舍音處以爲無弊上納之地爲只爲

癸卯十二月　日陽川郡首書記處
無他本宮所管本郡鐵串坪結錢自陞摠以後逐年無
漏徵稅而該坪直本以尹貴甫擧行是如可自昨年以其
姪完順代以擧行矣聞自汝矣郡該坪結一結三十負稅
錢欲爲疊徵於叔姪兩處以致一土兩稅之嘆豈有如許無
據無嚴之習乎到卽放送尹民結錢一款更勿橫侵是
矣如是令飭之後若復踵前當別般嚴處矣惕念擧行
無至抵罪後悔向事

同日　南海錦山屯都監處
無他今年本屯上納條隨所捧劃給于順天鄕監金
永默處以爲無弊上納之地宜當向事

同日　差帖
龍珠寺　享畓　檜花亭舍音金深元
金巖　金平心

1904년(갑진)

甲辰正月　日　差帖

龍珠寺　享畓　光教舍音　金元圭

甲辰正月　日　手本

右手本爲宮屬慶尙道南海二東面錦山屯稅米卽

御供所需每結支定米四十六斗式收捧上納曾是遺來定式

矣挽近人心不古藉托陞摠稅米亦依結錢例代納是如頑拒

不納大抵稅米更以本色收捧後結上自本屯輸送于本郡則

屯民之徵稅無關陞摠本屯之捧稅亦無增減是去乙該屯

民輩罔念　進供之攸重專事利己臆托作梗且聞

自本郡有所格外管稅云豈有如許無據之習乎

府以發訓慶尙南道觀察府使之派送巡檢轉飭該郡

俾爲申明嚴飭各屯民等處期以本色米督刷以爲上納之

地爲只爲

同日　手本

右手本爲本宮所管金剛山神溪寺卽

莊祖懿皇帝位室奉安之願堂而往在庚子追　崇

之後襄陽郡官屯租內藏院上納中每年五十石特命

劃下該寺以奉　祭享需米矣不意昨秋該郡退吏

李濟達右租中十六石中間乾沒以致　享需之奠繼

云故玆以手本爲去乎　府以發訓襄陽郡右李漢
捉囚嚴懲右租十六石星火出給該寺僧徒以爲奉
享之地爲只爲

同日　手本

右手本爲宮屬慶尙道金海新島鄕監以本土人裵璋
洙擧行矣該漢莫知宮納之所重敢生不測之心壬寅年
本島上納錢與梁山南海等郡上納錢幷爲一千七百兩無難
乾沒尙此不納故鄕監名色已爲除汰是乎所　府以發訓
慶尙南道觀察府右裵漢捉上嚴懲督捧使卽出給于
下去宮監處俾爲轉飭金海郡昨年條該島上納必待
宮監下去收刷以爲無弊上納之地爲只爲

同日　手本

右手本爲慶尙道南海郡所在畓六石落庄土該郡居
趙震奎處自本宮已給準價買置後以趙民仍爲舍
音擧行是乎所庄土所在小地名後錄手本爲去乎　府以
發訓慶尙南道觀察府使之派送巡檢轉飭該郡
俾爲申飭各作人詳細逐庫昨年秋收租包這這出給
于本宮舍音趙震奎處如或頑拒沮戱隨現嚴懲
星火督捧以完宮納之地爲只爲

馬丁員　東梁員　大池員　古川員　乫浦員
草陰員　勿也員　達浦員　細谷員　釜村員
堰坪員　蘭縣員

同日　手本

右手本爲宮屬慶尙道金海郡蘆田一百結二十負稅錢三百二十六兩三戔刷納次下送宮監爲去乎　府以發訓該郡右蘆稅錢趁卽上納無至遲滯之地爲只爲

同日　梁山蘆田八十結稅錢二百七十兩一戔八分

手本辭意上同

甲辰七月　日

陰竹屯監官李淡來處

無他本屯畓早稻秋收今年則爲幾仟石是喩秋夕前精鑿作米以爲　水剌米進上次玆以牌飭爲去乎必以早稻精白米限五六石出浦裝載來月旬間京江到泊以爲名節進上之地是矣早稻數爻若不備白米五六石必須其樣挪用期於充數上納是遣惕念擧行無至漫漶不謹之之弊宜當者

甲辰九月四日

右手本爲宮屬庄土在於昌原郡幾百年無弊收捧上納矣挽近人心不古思頑之民不知宮庄所重收納之際每多頑拒作梗以致宮納之欠縮此不可以尋常置之玆以據實手本爲去乎　府以嚴訓該郡拒納諸漢依京監所報這這捉囚督刷俾無宮納愆滯之地爲只爲

甲辰八月初八日

陰竹屯監官李淡會處

無他以早稻春精米上納事日前有所牌飭付之郵便今

又宮差下送爲去乎到卽必以精白米趁卽出浦罔夜

船運上送以爲秋夕前京江到泊及時　進上之地是

矣若或有漫漶遲滯之弊則難免重罪矣惕念擧行

擧行宜當者

同月二十五日

安山仍火面舍音　處

無他本面田畓秋收次今玆宮差下送爲去乎汝矣身

眼同宮差刈穫打作等節着實看檢從實數成冊上

納是矣若或有一毫隱匿之弊則斷當捉上別般嚴

處矣除尋常惕念擧行無至抵罪之地宜當者

甲辰九月二十一日手本

右手本爲宮屬慶尙南道南海郡錦山所在庄土本以

永作宮屯之地八十五結收租每結爲白米四十六斗而幾百

年無弊捧上矣自甲午以後屯民輩藉托陞摠不納

賭米只以每結錢幾兩欲爲磨勘故曾呈手本

府訓申飭非止一再而自府郡視若尋常一事

漫漶大抵此庄取收乃賭支米也陞摠邑結作人當

自備納而今乃公然稱托以宮納米移充於邑結事

無據莫此爲甚且本郡金松里所在畓六石落年前

自本宮結價買得而作人中李致民河允洪裵昌澤等
三漢無端起鬧誣呈府郡圖奪宮畓此等悖惡之
類不可尋常置之故玆以據實手本爲去乎　府以
發訓慶尙南道觀察府轉飭南海郡屯結賭米使
之依已例納宮而第念民情亦不無濶狹之方每結
米四十六斗以錢四十六兩輕歇定價俾紓民力至於金松
里李致民等三漢發送巡檢一幷捉上觀察府嚴治懲
勵以杜後弊今年秋租及昨年未收租一一收給于
宮差俾無宮納愆滯之地爲只爲

甲辰十月　日手本
右手本爲今此　成服教是時宮屬易服次木布
上下事依昨年十一月例玆以手本爲去乎木貳同
布貳同依前例特爲上下爲只爲

同月十九日手本
右手本爲本宮庄土在於黃海道安岳郡安谷文山
兩處而自本邑稱以度支衙門公文據各宮庄移屬
宮內府則有宮內府可據公文然後自宮可以收穫不
然則自本邑執留云各宮屯土之收租許令照舊句
檢之意旣有關飭者而今此該邑之生釁事甚
無謂乙仍于玆以據實手本爲去乎收穫上納等節
依前使京監專管毋至携貳之意卽爲關飭該
邑爲只爲

甲辰十一月初八日

順天郡首書記處

無他宮屬本郡有土免稅米一自甲午以後藉托幻弄

多有虛實相蒙之弊故查覈歸正次玆以派監下

送爲去乎到卽依該監所報這這調查後形止馳報

是遣富饒面所在畓今年秋收租捧給該監以爲

宮納之地宜當向事

同月同日

樂安郡首書記處

無他宮屬本郡所在庄土一自甲午以後藉托幻弄

多有虛實相蒙之弊故查覈歸正次玆以派監下

送爲去乎到卽依該監所報這這調查後形止馳告

是遣今年秋收麥捧給該監俾無宮納愆滯之弊

宜當向事

同月同日

長興郡首書記處

無他宮屬本郡所在屯畓及平日島山日島六

島一自甲午以後藉托幻弄多有虛相蒙之弊故

查覈歸正次玆以派監下送爲去乎到卽諸般事

一依該監所報這這調查後形止馳告以爲憑處之

地宜當向事

同月同日

扶安郡首書記處

無他宮屬庄土在於本郡宮倉等地而一自甲午以後
藉托幻弄多有虛實相蒙之弊故查覈歸正次
玆以派監下送爲去乎到卽諸般事一依該監所報
這這調查後形止馳告以爲憑處之地宜當者

同月同日

古阜郡首書記處

無他宮屬庄土在於本郡德林面之地而一自甲午以
後藉托幻弄多有虛實相蒙之弊故查覈歸正次
玆以派監下送爲去乎到卽諸般事一依該監所
報這這調查後形止馳告以爲憑處之地宜當者

同月同日

玉果郡首書記處

無他宮屬庄土在於本郡立石一面所在而一自甲午
以後藉托幻弄多有虛實相蒙之弊故查覈歸正
次玆以派監下送爲去乎到卽諸般事一依該監
所報這這調查後形止馳告以爲憑處之地宜當者

同月同日

南海郡首書記處

無他宮屬本郡錦山庄土本以永作宮屯之地而

每年賭支以白米收捧矣一自甲午以後藉托幻弄多有虛實相蒙之弊故曾前申飭非止一再而視若尋常一事漫漶寧不萬萬駭歎別般查覈次玆以派監下送爲去乎到卽依該監所報這這調查後形止馳告是遣今年賭支一一捧給該監俾無宮納愆滯之地宜當向事

同月

長興郡首書記處

無他宮屬本郡所在屯畓及內德島等賭稅一自甲午以後藉托幻弄多有虛實相蒙之弊故查實歸正次玆以另送派監爲去乎到卽告于汝矣官家一從該監所請施行畢查後自該監成案自官交印以報以爲憑信之地宜當者

同月

莞島郡首書記處

無他宮屬本郡所在平日生日等五島賭稅一自甲午以後藉托幻弄多有虛實相蒙之弊故查實歸正次玆以另送派監爲去乎到卽告于汝矣官家一從該監所請施行畢查後自該監成案自官交印以報以爲憑信之地宜當者

同月

金海郡首書記處

無他本郡所在宮屬屯土蘆田鹽田等賭稅一自甲
午以後藉托幻弄多有虛實相蒙之弊故各年
條從實調查今年條一依新查摠收入次玆以另送
派監爲去乎到卽告于汝矣官家舊賭調查新賭收
捧之節一從該監所請施行畢查後自該監成案
自官交印以報以爲憑信之地宜當者

同月

梁山郡首書記處

無他本郡所在　宮屬庄土賭稅一自甲午以後藉托
幻弄多有虛實相蒙之弊故各年條從實調查今
年條一依新查摠收入次玆以另送派監爲去乎到
卽告于汝矣官家舊賭調查新賭收捧之節一從
該監所請施行畢查後自該監成案自官交印
以報以爲憑信之地宜當者

同月

昌原郡首書記處

無他本郡所在宮屬屯土賭稅一自甲午以後藉托
幻弄多有虛實相蒙之弊故各年條調查今年
條一依新查摠收入次玆以另送派監爲去乎到卽
告于汝矣官家舊賭調查新賭收捧之節一從該
監所請施行畢查後自該監成案自官交印

以報以爲憑信之地宜當者

甲辰十二月初一日

朔寧郡首書記處

無他宮屬本郡所在火田稅錢每於當年十月

內自本郡具陳省上納矣自乙未以後無端稱托

多年慾納事之無嚴莫此爲甚此有乘時幻

弄中間乾沒者也莫重宮納不可置之勿問玆以

牌飭爲去乎到卽嚴飭該色其慾納委折到底

査覈今年稅錢爲先不日上納是矣如或有一向

延拖則難免重繩矣除尋常惕念擧行宜當

向事

同月初九日

全召史處

無他西署盤松坊契運輸會社北隅川邊所

在漂井依所訴付屬本宮後稅金每朔壹元式

的定而每年自十月以至二月朔合五朔次第月

終排納是矣着實守護宜當向事

同月初四日

長興郡郡內東洞居鄭泰逑所訴題音

本郡宋寡戶下宮畓五斗落得標耕作事自本郡

嚴題粘連呼訴事

宮題音

無論某庄作人差汰在於畓主之措處是去

乙有何相關於本宮而有此越俎橫侵乎汝矣

身自今爲始依標耕作是矣前作人召更有

頑拒之弊當別般嚴處向事

同月　日

安山導掌申錫賢　所訴題音

上納米八十石中兩次許減條三十五石復舊上納之意申飭矣未得奉承訴

宮題音

或減或增因時制宜今此復舊之擧豈

無參酌而然勿爲煩訴準數來納向事

1905년(을사)

乙巳正月初九日

梁山郡首書記處

無他宮屬田畓及蘆田在於本郡六上面之地而挽近

以來爲鄕監輩之幻弄作奸每多虛實相蒙之弊

故歲前自本宮派監下送一一踏驗査出錢爲一千一百八十餘兩

是如乎鄕監全泰峻處同錢及昨年未收錢一百兩準

數推尋出給宮監以爲上納之地爲旀每年秋收時

各項文簿及鄕監差帖一一推納是矣若或有稱托

頑拒之弊是去等該鄕監捉囚嚴懲刻期督
捧俾無漫漶遲滯之地宜當向事

同月同日手本

右手本爲本宮所管田畓及蘆場在於慶尙南道梁
山郡而挽近爲鄕監輩之幻弄每多虛實相蒙之
弊故年前自本宮派監一一査覈今將秋收次更爲
下送是如乎　府以發訓梁山郡甲辰條稅錢以新
査摠一千一百八十餘鄕監全泰峻處推尋出給于宮監是矣
若或有頑拒之弊全泰峻定巡校押上本宮以爲督
捧之地是遣諸般事一依宮牌旨辭意遵行之意措
辭申飭爲只爲

同月二十二日

振威郡首書記處

無他宮屬水原龍珠寺卽
隆陵願堂也
護聖殿　祭享位畓在於本郡作人差汰每年本
寺措處者而今聞該畓作人中車云交者爲人不
實故以宋文敎移作矣不意自汝矣邑以車云交
仍作之意成給完文云事未前有萬萬駭然玆以
牌飭爲去乎到卽所謂完文成給者卽爲爻周勿施
自邑更無得干涉於作人一款是矣若或有更
侵之弊則發訓觀察府斷當別般嚴處矣惕

念擧行宜當向事

同月同日　差帖

趙伯仁處

無他宮屬水原左頭面所在龍珠寺

祭享位畓舍音以汝矣身差定爲去乎勤耕收

稅等節着實擧行俾無不謹罪責之地宜當者

同月同日

神溪寺諸僧等處

無他本寺摠攝及住持僧所用印章自管理署

改造出給之時因神字之誤鑄不可仍用故自本

宮依舊新造以給爲去乎自今爲始管理署誤

鑄印章廢止勿用是遣以此新造印章永

久遵行之地宜當者

同月同日

金海郡首書記處

無他宮屬本郡七山召也等面所在蘆田一百結二十二負

二束收稅調查次昨冬派監矣因該色吏之不納

文簿未得到底查覈是如乎嚴飭該色曾前收稅

時各項可考文蹟使之一一現納于宮監以爲這這

調查之地是遣且新島所在蘆田及鹽盆甲辰

條稅錢至于今延拖不納事甚無嚴不可仍置該

鄕監裵元晏捉致官庭同稅錢二百兩依已例推尋
上送俾無宮納遲滯之弊宜當向事

同月同日

昌原郡首書記處

無他宮屬本郡加音亭所在屯畓調査次已有所
派監下送是在果因舍音之不納文簿未得到底
查覈故玆更牌飭爲去乎到卽嚴飭該舍音
收稅時各項冊子使之一一現納以爲這這調查之
地是遣昨冬封庫租包依宮監指揮出給于該
導掌以爲從便區處之地宜當向事

同月同日

康津郡首書記處

無他宮屬本郡所在田畓挽近以來境界條辭
多有虛實相蒙之弊故踏驗調查次玆以宮監
下送爲去乎到卽申飭該舍音處每年收稅時
各項可考冊子使之現納同田畓這這踏查後一
一修成冊上送以爲憑處之地宜當向事

同月同日

崔極洙處

無他宮屬梁山郡所在田畓鄕監以汝矣身差
定爲去乎收稅上納等節着實擧行俾無

不謹罪責之地宜當向事

同月同日

許　圭處

無他宮屬金海郡所在田畓鄕監以汝矣身差

定爲去乎收稅上納等節着實擧行俾無不謹

罪責之弊是遣新島所在蘆田及鹽盆稅

錢段置汝矣身一體句管之地宜當向事

乙巳二月初六日

傳令　龍珠寺　位畓舍音作人等處

無他宮屬花山龍珠寺卽

隆陵願堂香火所奉之地也　祭享位畓在於水

原振威兩邑境內而今聞本寺所報則昨秋賭租多

有頑拒作梗之端云　享需所重果何如而有此

延拖拒納之境不勝萬萬痛駭玆以令飭爲去乎

到卽當該舍音這這曉諭于各作人處未納賭

租星火輸納于本寺是矣若或復踵前習一向

愆納則斷當另飭該郡捉囚懲勵矣各須知

悉無至抵罪之地宜當向事

乙巳二月十九日

振威郡首書記處

無他宮屬水原龍珠寺卽

隆陵願堂也　祭享位畓在於本郡城南面芝制洞而
其中二斗三升鹿入於京釜鐵道中自該會社畓價錢一
千一百五十兩出給於其時鐵道看事人本洞居禹汝成云
故自寺往推則禹汝成全數乾沒屢次定限一向延拖
莫重　位畓所收至白失之境豈有如許無嚴之漢
乎此不可尋常置之玆以牌飭爲去乎到卽禹汝
成發差捉致嚴治懲勵畓價錢一千一百五十兩刻期督
捧出給本寺是遣擧行形止馳報以爲憑處之地
宜當向事

乙巳二月二十四日
安山導掌申錫賢訴狀題音
上納米前減中只以十五石復舊納上之意更訴
已有前題且有處決而又此煩訴誠極駭歎準數
來納無至生梗向事

同月同日
廣州八堂島居朴潤秀訴狀
該導掌與舍音復屬事題音
旣有可據文蹟云告訴人持文蹟來待以爲査處之
地向事

同月同日
水原龍珠寺報告題音

護聖殿修理及補陳準備事

事係重大有難遽議姑俟向事

乙巳二月三十日

金海郡首書記處

無他宮屬本郡所在蘆田稅錢挽近以來每多中間

幻弄之弊故別定宮監下送這這調查則甲辰條稅

錢一千三百餘兩爲本郡書記裵相璡所捧而其中一千

兩爲裵吏所乾沒只以三百餘兩欲爲磨勘豈有如許

無嚴之習是旀且新島鄕監裵璋洙宮納二百兩亦

爲拒納此等頑悖之類有不可尋常置之玆以牌飭爲

去乎到卽裵相璡裵璋洙兩漢定巡校押上以爲移

法司照律嚴處之地是矣若或有漫漶之弊則汝

矣身亦難免重繩矣惕念擧行形止馳報宜當者

乙巳三月初三日手本

右手本爲宮屬鰲川開也召島甲辰條稅錢文三百八十四兩

收刷次宮差下送是如乎挽近以來每多頑拒不納之

弊玆以手本爲去乎　府以發訓該郡使之依宮差

所告不日督捧無至宮納愆滯之地爲只爲

同月同日手本

右手本爲宮屬蘆田在於慶尙南道金海郡而挽近以

來每多中間幻弄之弊故別定宮監下送這這調查

則蘆結一百結二十二負二束甲辰條稅錢一千三百餘兩爲本
郡書記裵相璡所捧而其中一千兩爲裵吏所乾沒只以三百
餘兩納宮豈有如許無嚴之習是乎旀且本郡新島鄕
監裵璋洙宮納二百兩亦爲拒納此等頑悖之類有不可
尋常置之玆以據實手本爲去乎　府以發訓慶尙南
道觀察府轉飭該郡裵相璡裵璋洙兩漢一幷定巡
校押上本宮以爲移法司照律嚴處之意措辭嚴飭俾
無宮納白失之地爲只爲

乙巳三月初七日手本

右手本爲宮屬水原龍珠寺卽
隆陵願堂也　祭享位畓在於振威城南面芝制洞
而其中二斗三升落入於京釜鐵道中自該會社畓
價錢一千一百五十兩出給於其時鐵道看事人本洞居禹
汝成云故自寺往推則禹漢全數乾沒屢次定限一向
延拖至於呈訴觀察府指令本郡使之推給而自郡
袒護禹漢漫不擧行莫重位畓價將至白失之境
玆以據實手本爲去乎　府以發訓于水原觀察府
禹汝成捉上警署嚴治懲勵畓價錢一千一百五十兩刻
期督捧出給本寺爲只爲

乙巳五月初十日舍音差帖

李春明處

無他宮屬水原龍珠寺位畓在於振威野幕

之地而該舍音朴士弘多有不善擧行之
端故除汰後以汝矣身差定舍音爲去乎
勸耕灌漑與秋收上納等節着實看檢俾無
不謹罪責之地宜當向事

甲辰十二月　日
驪州欣岩舍音金景七處
無他今秋陰竹屯上納租出浦裝載之時汝矣身擧行慢忽以
致氷泊之境究其罪狀不可容貸㐲除良零在租不可不
作錢上來故專送監官使之推尋上送矣今聞汝矣身趁
不出給多有欠縮之端云不勝萬萬痛駭玆以宮差下送
爲去乎到卽同未納租一一斛量準數出給是矣若或
有延拖不納之弊則斷當捉上別般嚴處矣惕念擧
行無至罪上添罪之地宜當向事

乙巳五月　日漢城裁判所來公函
敬啓者西署唐皮洞居崔德對內司內居車奎貞
訴狀接查則原告所供內去己亥五月分龍洞宮所管諫
洞所在瓦家九間折價二千兩買收時被告伊時該宮小次知
擧行而宮牌旨與文劵推來後漢城府板刻文劵亦爲
承有後該家以數萬兩錢一新修補至于七年之久而不
意今自該宮欲爲還推右家則其時小次知若無稟告
于堂上之事則牌旨何以承認舊劵何以推來乎爲辭
故招問車奎貞則所告內渠則其時小次知也大次知卽泥

洞金知事也而該家永賣之意承其堂上分付果爲永賣
於崔德處云云則該家之自宮永賣確有可據而現任
該宮小次知李重洽今欲還推該家云故亦爲招問委折
則所答內該家卽本宮所管公廨而該家之賣買與
否自本宮專然不知而昨年春該小次知黃熙鳳處
有調査事始覺該屋之放賣然該黃民以本宮伊
時所任擅賣公廨云云而互相呶呶末由歸決故玆以仰佈
照亮後該家之賣買前後顚末及該家價之公用與
否昭詳　示明爲荷順頌　僉安
光武九年六月十九日　漢城裁判所民事室生等拜上

同月　日　答公函

敬复者本宮所管諫洞所在家舍卽本宮內人與宮屬
有故時治療之公廨也未知爲何年潛賣故申飭査推
矣崔德黃熙鳳兩人各自請願互相推諉終不歸決實
所可駭且承認於前堂上云者有所萬萬不可者存焉
昨年春自警廳捉囚黃熙鳳車奎貞査實之擧莫
非前堂上所指揮則豈有認許而後捉査之理乎推
此一款其所潛賣確然可知該狀已綻露於昨年警廳
裁判之場而至有今日紛拏於　貴所殊涉痛駭且黃
熙鳳之暗捧屋價私用付記自在則渠雖欲百般粧撰何
敢逃潛賣之罪乎且其行事之不美有難枚擧乾沒
本宮秋收租爲四百二十餘石之多尙此未捧甚至於本宮入排之
長坮石私自拔去豈有如許無嚴之習乎至於此屋係是

公廨不可不還推乃已故前後顚末玆以仰佈以此　照亮

後另爲嚴査其文劵與家舍卽爲推交屋價段徵出

於潛賣人出給家主犯逋租與見失之物亦爲推交敬

要

光武九年六月二十日　龍洞宮次知所　相复

乙巳七月初四日手本

右手本爲宮屬慶尙南道金海郡所在蘆田甲辰條稅錢未

收一千兩爲該郡書記裵相璡之乾沒故曾呈手本發送

府訓令爲五六朔之久而一向頑拒延拖不納事之無嚴莫

此爲甚玆更據實手本爲去乎　府以促訓金海郡裵相

璡處一千兩錢使之刻期督捧不日上送是矣若或有如前拒

納之弊則裵吏定巡檢押上以爲移法司照律嚴處之意

措辭申飭爲只爲

乙巳十二月初九日

金海郡首書記處

無他宮屬本郡所在庄土稅錢近年以來爲奸吏輩舞弄

乾沒故昨秋派監下送這這調査之時隱匿宮土之狀綻露

無餘而該色裵相璡猶復左右稱托謂以雖有量案而初

無其地是如一向拒納不勝萬萬痛駭方將更加查覈依量

案所載一一推尋是在果元納錢三百五十兩七戔八分爲先督捧上送

無至漫漶遲滯之弊宜當向事

乙巳九月初二日

梁山郡首書記處

無他宮屬本郡所在蘆稅與賭租挽近以來爲吏屬輩所幻弄上納每多欠縮之境故昨冬自宮派監下送一一踏查則賭租七十餘石民不收納全數乾沒蘆稅錢七百兩只以二百七十餘兩上納矣此不可尋常置之玆以更派宮監下送爲去乎到卽屯賭租與蘆稅錢一一督捧上送是矣如或有頑拒作梗之類是去等發差捉致杖囚嚴督俾無宮納滯留之弊爲旀昨年未收錢一百七十兩一體督納無至漫漶不謹之地宜當向事

乙巳五月　日　帖文

驪州紫浦居沙工李應三處

無他本宮饌物船沙工以汝矣身差定爲去乎往來之際如或有各項分稅侵責之弊是去等以此帖文憑據頉免宜當向事

乙巳六月十二日傳令

神溪寺摠攝及諸僧等處

無他今秋

懿孝殿大祥爲祝齋將設行于金剛山神溪寺是如乎在前設齋之時遠近閑雜之民稱以觀光數郡畢集動至幾千人雜沓闐咽不堪其鬧大有妨於將事惢除良兼之討食乞糓寺中所費不知爲幾千金此而不預先操飭

臨時爲弊之端有不可勝言玆以令飭爲去乎行事

之日往來閒雜之類及村民來觀者一切禁斷逐出山

外不許接跡於寺中是遣以此傳令揭付內門以爲各

自知悉無至犯科之地宜當向事

同月同日

高城郡首書記處

無他今秋

懿孝殿大祥也祝齋將設行于金剛山神溪寺是如

乎在前設齋之時遠近閒雜之民稱以觀光數郡畢

集動至幾千人雜沓闐咽不堪其鬧大有妨於將事

氙除良兼之討食乞槳寺中所費不知爲幾千金此而

不預爲操飭臨時爲弊之端有不可形言玆以牌飭爲

去乎到卽傳令于本寺使之預先知悉是遣行事

之前期幾日多發巡校保護本寺往來閒雜之類及

村民來觀者一幷逐出不許接跡於寺中之意告本

官惕念擧行宜當向事

乙巳六月十七日傳令

龍珠寺摠攝及諸僧處

無他本寺卽

隆陵願堂香火所奉之地也

護聖殿所重果何如而挽近京鄕無賴輩輒携妓樂

日來流連竟將淸淨之地化作風流之場聞不勝

萬萬駭然玆以傳令爲去乎到卽揭付山門來遊之
人各別禁斷是矣如或有不遵令飭一向縱游
是去乃拘於顔私掩置不問之弊則當隨現嚴
懲斷不容貸矣各須知悉無至犯科之地宜
當向事

乙巳八月初九日宮內府手本

右手本爲慶尙南道南海金海梁山等郡所在本宮庄土載
在宮案者一自甲午以後爲鄕監該色吏及民間幻弄未免宮
納欠縮故昨年冬自本宮另派解事宮監這這調査則南
海賭稅米以若干代錢上納甚爲零星而挽近以來民皆襲
謬轉賣土地金海之蘆稅鹽稅屯賭錢爲該色吏鄕監
輩之偸食上納無幾梁山屯谷盡爲漏摠該民與鄕監全
然偸食矣第以有限宮納爲此舞弄已是痛駭十年以來
未遑査正尤極可歎査覈之下今已現露無餘事當逐
年査徵而事屬過境今不追究自今秋爲始以新査摠捧
納勢不可已故今將査覈諸條左開手本爲去乎　府以發
訓于慶尙南道觀察府飜飭各該郡使之膠示民間俾民
自曉是遣今秋賭稅依宮監所報以新査摠發巡校督刷
以納如有頑拒不遵者捉囚府獄這這嚴督以完宮納之
地爲只爲

左開

南海郡三東面錦山　宮屯土結八十五結九十一負　賭支米每結四十五斗
合米一百九十三石五斗九升五合　民不收納　此是甲午以前舊摠

自今秋爲始依舊捧納次

甲午以後代錢秩

錢一千三百九十二兩九戔六分內

九百九十二兩九戔六分　京監及屯所例食

在錢四百兩　宮納

金海郡蘆稅錢一千三百二十三兩二戔七分內

九百九十六兩九戔七分　戶房書記例食

在錢三百二十六兩三戔　宮納

鳴湖面新島鹽稅錢九百兩

蘆稅錢三百兩

合錢一千二百兩內

一千五十兩鄕監食之

在錢一百五十兩宮納

鳥津新島屯賭麥十七石十斗　鄕監準數食之

梁山郡屯賭租七十石民不收納　今年爲始捧納次

蘆稅錢七百兩　甲辰秋爲始捧納次

乙巳八月卄一日龍珠寺摠攝處

無他振威野幕前舍音朴士弘多有不差擧行之端故自本宮汰去後以李春明差出矣今聞朴士洪圖囑水原觀察府欲爲復屬舍音云聞不勝萬萬駭然朴漢旣已有罪見汰不可還差㐲除良且舍音差汰有何相關於觀察府乎此不可尋常置之玆以牌飭爲去乎該舍音以李春明仍爲擧行無得變通是矣朴漢若

或復踵前習則斷當別般懲戢矣以此曉諭無
至紛競之地宜當向事

乙巳八月晦日龍珠寺摠攝處
無他振威野幕舍音朴士洪非但擧行之不善所犯非
細行將勘罪故旣爲汰去業經牌飭則依牌擧行
在所當然有何起見擅自還差肆然枚報以致宮飭
之懈弛苟拘所習駭歎之極寧欲無言事當別般
嚴懲第觀來頭姑爲參恕爲先付科報告還退朴士
洪之還差差帖還收勿施新舍音李春明段卽今擧
行嗣後如或復踵前習有所頑拒之端日後生梗在
在不已以此惕念擧行後形止馳報宜當向事

乙巳九月初二日
扶安郡首書記處
無他宮屬本郡所在田畓收穡此宮監下送爲去乎作
民中如或有頑拒作梗之類是去等依宮監所報這
這懲治督捧俾無滯留之弊宜當者
古阜　康津　昌原屯畓　上同例飭公事

同月同日
陰竹郡首書記處
無他本郡所在長院場卽本宮舊陳屯畓基址也設立
場市以後其收稅等節應自本宮句管而何爲屬之本郡

至于今補專其利不幾近於喫楊州飯而應高陽役乎
事之無謂莫此爲甚不容不一次更張玆以牌飭爲在
乎到即該場收稅從今爲始還付本宮自本郡更勿
干涉是矣若或有官屬輩出來場市侵漁作梗之類
則斷當隨現嚴懲矣惕念擧行宜當者

同月同日金永斗處
無他宮屬南海郡所在田畓舍音以汝矣身差定爲去
乎勸耕收稅上納等節着實擧行俾無不謹罪責之
地宜當者
金海郡舍音崔極洙　同月同日差出
梁山郡舍音全基準　同月同日差出

乙巳九月初三日
順天郡首書記處
無他宮屬本郡所在屯畓今秋收穧次別定宮監下送
爲去乎到即令飭于該舍音及作民一一督捧是矣作
民中如或有頑拒作梗之類是去等這這捉致嚴懲
俾無宮納愆滯之地宜當向者

乙巳九月初四日
龍珠寺摠攝處
無他振威野幕前舍音朴士弘擅自還差肆然枚
報事甚無嚴業經屢飭矣今此報告尤極可歎行將勘

罪次宮差下送玆以牌飭爲去乎卽刻等待無至罪

上添罪宜當向者

同月初七日

玉果郡首書記處

無他宮屬本郡所在庄土載在宮案者而一自甲午更

張以後爲吏屬輩及民間幻弄宮納未免欠縮此不可

尋常置之故另派宮監下送爲去乎到卽令飭于各該

作民逐年查徵是矣今秋爲始自宮收捧矣依宮監

所請一一調查督刷是遣作民中如或有頑拒作梗之

類是去等發巡校捉囚嚴懲以完宮納俾無漫漶遲滯

之弊宜當向者

同月廿九日

遂安郡首書記處

無他宮屬本郡所在火田付之本郡收稅後具陳省上納矣

一自甲午以後藉托陞摠全然不納仍爲該吏輩私自乾

沒莫重宮納侵之烏有事之無嚴莫此爲甚不可不一次查

覈故別定派員朴潤成下送爲去乎到卽同田地爲先一一踏

查依舊例收稅上納是遣十餘年未納條到底查徵俾無

宮納白失之地是矣若或有一向隱匿之弊則斷當有

別般嚴處之擧矣除尋常惕念擧行宜當向者

同月廿二日漢城裁判所所送公函

敬啓者以本宮所管房家事曾有所往復者而該家
見今已還推磨勘故玆以仰佈　照亮後車奎貞黃
熙鳳兩人更勿招致督促之地

乙巳十月初二日差帖

梁參將性煥家　處[10]
無他宮屬鰲川開也召島舍音以汝矣身差定爲去乎
收稅上納等節着實擧行俾無不謹罪責之地宜當
向者

稅錢文三百八十三兩收納內[11]
元上納錢一百兩
外鄕四十七兩
房雜費三十六兩
房中當次所食二百兩

乙巳十月三十日

長興郡首書記處
無他宮屬本郡所在庄土收稅次下送宮監矣今聞其所
報則本庄年事雖不甚歉而將念民情看坪執賭比昨
年特減爲一百三十餘石之多因此而民皆稱頌及其開倉
之日無弊輸納所捧幾乎過半矣不意熊峙居嚴文
五任在有爲名漢素以頑悖之類煽動作人作梗起

10 【追記】堂上分付
11 【追記】此上納錢梁參將性煥氏家 / 收來

鬧無所不至莫重宮納期欲半減云聞不勝萬萬駭然此等悖類有不可尋常置之玆以牌飭爲去乎到卽嚴文五任在有兩漢捉致官庭照律嚴懲以杜後弊是遣一邊曉諭于未納諸作人處使之不日納賭俾無宮納遲滯之弊宜當向事

乙巳十一月十二日

古阜郡首書記處

無他宮屬本郡所在庄土秋收次派監下送矣挽近人心不古作民輩稱托災歲拒納作梗此而仍置則莫重宮庄將爲等棄之地故玆以牌飭爲去乎到卽令飭于頑拒不納之諸作人依宮監所報一一捉致官庭嚴治督捧俾無宮納愆滯之弊宜當向事

同月同日

扶安宮倉舍音朴成守處

無他昨冬本庄調査之時汝矣身從中挾詐隱諱舞弄以致調查爽實之境是如乎身爲舍音不謹擧行之罪所當重究是矣姑觀來頭特爲安徐玆以牌飭爲去乎到卽本庄斗落實數與昨今兩年秋收租更爲到底查覈一一修成冊上送是矣若或有一毫欺瞞之弊則前罪并以別般嚴處矣愓念無至罪上添罪之地宜當向事

同月　日

一進摠會所送小錄

龍洞宮所管南海庄土收賭次自宮派監下送而此庄本以收賭之地每年以白米捧上幾百年無弊遵行矣一自甲午以後作民輩藉托陞摠稱以一土兩稅元定賭米頑拒不納只以納結後零錢幾兩納于本宮有若塞責者然大抵宮庄本是免稅之地故曾前只納賭支而已甲午陞摠後度支所納卽結稅也賭支畓之作人納結事固當然而以納賭與納結謂之一土兩稅可乎事之無謂莫此爲甚故今年期欲一次釐正以本色米收捧矣近來人心不古謂以此非宮庄卽民私畓之轉相買賣者也不可以納賭云故下送宮在量案到底曉諭而一向肆惡終是拒納之際不意晉州昌善會長朴敏烈符同作民百般沮戱云作民之非理頑悖自會所亦應知之而有此干涉不勝駭歎奉須通牒于該會所如此頑民之事非但切勿相關自會所曉諭于作輩據理質問使之依舊納賭俾莫重宮納無至見失之意措辭之地千萬千萬

乙巳十二月初七日

扶安前舍音白希卿處

無他以本宮庄更爲調查之意曾有所牌飭于舍音朴成守處而年前調查多有爽實之端故更加築底查覈之意措辭矣今聞調查監官誤解

辭意已放之租沒數執留積置于汝矣處以致京
換還退之境聞不勝駭歎玆以牌飭爲去乎到卽執
留租一一出給于此在崔鍾澈處汝矣所納積置標段
往推于調査監官無至漫漶遲滯之地宜當向事

同月同日

梁山郡首書記處

無他宮屬本郡所在屯土係是田畓收賭處而以代錢
收納爲幾百年之久當初以宮庄免稅之地故只有宮納
云已近來度支部所納卽陞摠結也然則宮納卽堂堂
賭支而豈可謂之一土兩稅乎賭支田畓之作人納結卽
通行之規也事當以每負賭租一斗督捧而特念民情
不無斟量者存玆以牌飭爲去乎到卽結錢三分之二自
宮出給次計減于賭支租中其餘必以本色租一一督捧
于各作人處無至宮納遲滯之地是遣以此意爲先
曉諭于各作人處俾無一民不知之弊宜當向事

同月同日

梁山郡屯畓諸作民處

無他宮屬本郡屯土係是田畓收賭處而以代錢收納
今爲幾百年之久矣以其免稅之地故只有宮納云已
度支所納卽近年陞摠結稅而豈可謂之一土兩稅乎收
賭田畓之作人納結是通行之規則事當以每負賭
租一斗督捧是矣特念民情玆以牌飭爲去乎到卽賭

租中此減結錢三分之二其餘租必以本色不日上納是
矣如或有遲滯作梗之弊則斷當有別般嚴處
之擧矣知悉惕念宜當向者

同月初八日

南海郡首書記處

無他宮屬本郡錦山田畓即幾百年自宮收賭之地也今秋收賭次曾已派監下送是在
果今年賭支期以本色米收捧矣不意李信元
金允辰李成五朴雙同金致西等五漢素以無賴之
類煽作民沮戲作梗以致收捧晩時之境聞不勝
萬萬痛駭玆以牌飭爲去乎到即上項五漢一幷捉
致官庭嚴刑懲勘以杜後弊是遣賭支米星火
督捧裝載上送俾無京監滯留之弊宜當向
事

同月初九日

金海郡首書記處

無他宮屬本郡所在庄土稅錢近年以來爲奸
吏輩舞弄乾沒故昨秋派監下送這這調查之時
隱匿宮土之狀綻露無餘而該色裵相璉猶復左右
稱托謂以雖有量案而初無其地是如一向拒納不勝
萬萬痛駭方將更加查覈依舊量案所載一一推尋
是在果元納錢三百五十兩七戔八分爲先督捧上送無至漫
漶遲滯之弊宜當向事

| 연구진 소개 |

고민정(高旻廷, Ko, Min-Jung)

태동고전연구소 한학연수과정을 수료하였으며, 강원대학교 사학과를 졸업하고 동대학원에서 「조선 후기 가계계승 연구」로 박사학위를 받았다. 주요 논저로 「『계후등록』의 기술방식과 법외계후에 대한 재검토」, 「17~18세기 적손승중에 관한 일고찰」, 「남양홍씨 익산군파의 춘천이거와 정착」 등이 있다. 현재 강원대학교 사학과 강사로 있다.

안혜경(安惠敬, Ahn, Hye-Gyeong)

서울대학교 윤리교육과를 졸업하고 안동대학교 민속학과에서 석사를, 한국학중앙연구원에서 「경기남부지방의 가신신앙 연구」로 박사학위를 받았다. 주요 논저로 「가정신앙에서 남·여성의 의례적 위치」, 「현몽계시 꿈의 양상과 의의」, 「'택길(擇吉)' 관련 서를 통해 본 가정신앙의 역사성」 등이 있다. 현재 지역문화연구소 연구위원으로 있다.

양선아(梁善雅, Yang, Son-A)

서울대학교 국어교육과를 졸업하고 인류학과 대학원에서 「조선 후기 간척의 전개와 개간의 정치」로 박사학위를 받았다. 주요 논저로 「18·19세기 도장 경영지에서 궁방과 도장의 관계」, 「조선 후기 대규모 간척지 조성과정과 기술적 특징」, 「갯논의 관리와 전통기술」 등이 있다. 현재 한신대학교 학술원 연구원으로 있다.

조영준(趙映俊, Cho, Young-Jun)

서울대학교 경제학부를 졸업하고 동대학원에서 「19세기 왕실재정의 운영실태와 변화양상」으로 박사학위를 받았다. 주요 논저로 『시폐(市弊)』(역해), 「조선시대 문헌의 신장 정보와 척도 문제」, 「『부역실총』의 잡세 통계에 대한 비판적 고찰」 등이 있다. 현재 한국학중앙연구원 한국학대학원 사회과학부 조교수로 있다.

18세기 후반 조선의 지식인 연암 박지원은 "법고(法古)하면서도 변통할 줄 알고 창신(創新)하면서도 능히 전아(典雅)할 수 있는" 경지를 추구했다. 옛 것에만 얽매이거나 새로운 것만 추종하는 세태를 경계했기 때문이다. 박지원이 거론한 "법고창신"의 정신은, 오늘날의 우리 학문이 처한 현실에서도 소중한 지침이 될 수 있을 것이다. 규장각한국학연구원은 이로부터 우리 학문이 나아갈 방향을 찾고자 하며, 이에 걸맞은 연구 성과를 모아 "규장각 학술총서"라는 이름으로 간행하고자 한다.

우리 연구원은 전근대로부터 근대에 이르기까지의 귀중한 기록문화 유산을 소장하고 있다. 우리 연구원에서는 이들 유산을 원형대로 보존하고 적절하게 관리하는 데 최선을 다하고 있지만, 한편으로는 이들에 대한 정밀한 연구로 우리 시대의 학문을 개척하는 것이 또한 중요한 보존이며 관리라고 판단하고 있다. 우리 연구원이 소장한 기록문화 유산은 국가의 운영, 인간의 삶과 의식 그리고 세계와의 만남에 대한 생생한 기록을 담고 있으므로, 무궁무진한 연구의 원천이 될 수 있을 것이다. 기왕의 한국학 연구가 이러한 사실을 입증하고 있는 바이거니와, "법고창신"의 학문적 전통을 만들어가고자 하는 "규장각 학술총서"는 보다 큰 학문적 성과를 통해 이를 다시 입증할 수 있으리라 기대한다.

"규장각 학술총서"에는 다양한 방식, 그리고 다양한 형태의 학술서적이 포함될 것이다. 개인 명의가 있는가 하면 공동의 명의로 간행되는 것도 있을 것이다. 전문적인 연구서가 있는가 하면 일반 독자까지 고려한 단행본도 있을 것이며, 고전의 주석을 포함한 각종 번역서나 자료집도 포함될 것이다. 또 연구 대상으로서의 자료의 범위와 주제 또한 다양할 것이다. 이는 한국학을 선도하고자 하는 우리 연구원의 포부와 기대를 반영하는 것이다. 우리 연구원에서 추구하는 "법고창신의 학문"이 깊어질수록, 우리 총서는 더욱 다양한 모습을 지닐 수 있을 것이다. 우리 총서의 성과물 하나 하나가 한국 인문학의 성장에 기여하는 디딤돌이 될 수 있기를 기대한다.

2014년 규장각한국학연구원장 김인걸